No.1になるための
成功法則

ダメなら、さっさとやめなさい!

the Dip

セス・ゴーディン 著
Seth Godin

有賀裕子 訳
神田昌典 解説

マガジンハウス

THE DIP
by Seth Godin

This edition published by arrangement
with Portfolio, a member of Penguin Group (USA) Inc.
through Tuttle-Mori Agency, Inc., Tokyo

ヘリーンへ

古くからの格言は間違っている

――勝ち組はいつも何かを投げ出している。投げ出せる人こそが勝つのだ。

新しいプロジェクトや仕事や趣味などを始めたり、会社を変わったりすると、はじめは楽しくて仕方がない。ところが、そのうちに楽しさが薄れ、つらさが頭をもたげてくる。そしてついに、つらいだけで少しも楽しくなくなってしまう。

するとあなたは、「この目標は、本当に骨を折るだけの価値があるのか?」と首をかしげる。

その時おそらく、あなたは「運命の谷」に出合ったのだ。

ならば、今は一時的には足踏みしているけれど、頑張り通せばいずれ這い上がれる。

ところが、もしこれが行き止まりだったら、どんなにもがいても、けっして前には進めない。

数々のベストセラーを世に出してきたセス・ゴーディンによれば、スーパースターとその他大勢とを分けるのは、行き止まりにぶつかったらすぐに引き返せるかどうか、本当に大切なことだけに力を注ぎ続けられるかどうかだという。

勝ち組は何かを投げ出してばかりいる。悪びれずにすぐに投げ出す。

そして、「これだ！」と思える「運命の谷」に出合ったら、その正しい目標のために、そこから這い上がろうと力を尽くす。

それどころか、勝者になる人々は、いつも「運命の谷」を探してさえいる。

谷が深ければ深いほど、這い上がった時のご褒美も大きいことを知っているのだ。すきま市《ニッチ》場でナンバーワンになれば、並はずれた利益や称賛を手に入れ、長く安泰でいられる。

ところが負け組は、主に二つのワナに陥る。「運命の谷」という正念場まで行きながら、その険しさに根負けするか、挑むべき谷を見つけられずに終わるか、どちらかだ。


グラフィックデザイナー、セールスマン、スポーツ選手、野心的な経営者……。

あらゆる職業の人に向けたこの小さくて楽しい本は、あなたが直面する谷が、本当に、時間や努力や才能を傾ける価値があるものかどうか、見極めるお手伝いをする。

「運命の谷」と向き合っている人には、頑張り通せるように励ましを与えてくれる。

そうでない人には、ここで引き返して、別の分野でナンバーワンを目指すための勇気を与えてくれる。

セス・ゴーディンは「すべての答えを知っている」とは言っていない。

しかしながら、どんな問いを抱けばいいのかを教えてくれるのだ。

ダメなら、さっさとやめなさい！◎目次

世界の頂点に
立つ意味を、
もっともっと見直そう！

もう投げ出したい！

正直なところ、毎日のようにそんな気分にさせられる。もちろん、朝から晩までずっとではないけれど、日に何度かは。

あなたも同じではないだろうか？　この本を手に取っているあなたは、きっと向上心にあふれていて、ひたむきにゴールを目指すタイプだろう。それなら、壁にぶつかることにも慣れているはずだ。仕事やプライベートでのごたごた？　それとも、体調の管理がうまくできないとか、チェスで負けてばかり、といった壁だろうか。

壁にぶつかるとたいていの人は、あきらめずに頑張ろうとする。ときには意気消沈して、勇気を与えてくれる言葉にすがることもある。

たとえば、アメフトの名監督として知られるヴィンス・ロンバルディは、「途中で投げ出したら絶対に勝てない。勝者はけっしてそんなことはしない」という言葉を残している。

だが、このアドバイスにはあまり感心できない。成功した人たちの多くが、実際には、やりかけの何かを投げ出しているからだ。彼らは「何をやめるべきか？」について鮮やかに見極めをつけ、その都度、絶妙のタイミングで投げ出してきた。

もちろん、何かを途中でやめた経験があるという人は、大勢いるだろう。だがその人たちは、やり方があまりうまくない。さらに、そういう人たちにつけ込んで利益を上げる業種や市場も、これまた多い。「世の中ひたすら頑張り続ける人ばかりじゃない」というのは、当たり前のことだと思われており、それを当て込んだビジネスや企業もあるくらいだ。

「途中で投げ出す人の背中を押そう」などという狙いで用意された巧妙なワナがあっても、カラクリさえ分かっていれば、それにはまる心配は少ないだろう。そして、大勢の足をすくう落とし穴（この本では「運命の谷」と呼ぶ）について理解しておけば、うまく切り抜けるための秘訣を身に付けられるというものだ。

ほんのわずかな人たちだけが、まわりの人たちよりも少しだけ長く踏ん張っていられる。その結果、目もくらむようなご褒美を手に入れるのだ。

また、より多くの人たちは、早めに「やめる！」と決めて、その努力を別の何かに振り向ける。そしてやはり、目もくらむようなご褒美を手に入れる。

どちらも、世界でかけがえのない存在になるということでは共通している。

暗いトンネルをうまく通り抜けて、バラ色の世界にたどり着くのだ。

「違う」と思ったら、やめる。

「これだ！」と思ったら、どこまでも粘り抜く。

二つのうちのどちらかを、勇気を出して実行しよう。

「世界で最高」になろう！

世界の頂点に立つ

ハンナ・スミスという、とても恵まれた女性がいる。最高裁判所で法律の仕事に従事するハンナは、現在、世界の頂点に立っている。

アメリカでは昨年、4万2000人を超える人たちが法科大学院《ロースクール》を卒業した。そのうち、栄《は》えある最高裁判所の仕事に就《つ》いたのは、たったの37人である。

この37人は、仮に裁判所をやめても、一生仕事には困らないだろう。一流どころの法律事務所が最高裁出身の人材を採用する時には、20万ドル以上もの契約金を払うのがごくふつうだからだ。こうして採用された人たちは、法律事務所の共同経営者《パートナー》、判事、上院議員などへと、出世の階段を上っていく。

ここで伝えたいポイントは二つある。

一つ目は、ハンナ・スミスはけっして幸運に恵まれたわけではなく、賢明でひたむきなうえに、骨身を削って仕事に打ち込んできたということ。

二つ目は、昨年ロースクールを卒業した4万2000人はみな、ハンナと同じ仕事に就くチャンスがありながら、彼らはそうしなかったということだ。おろかだったわけでも、家庭に問題があったわけでもない。彼らにはなぜ縁がなかったかというと、道の途中のどこかであきらめたからだ。高校も、大学も、ロースクールも、ちゃんと卒業した。だが、最高裁への道はあまりにもリスクが大きすぎると感じて、世界の頂点に立つ可能性をどこまでも追い求めようとはしなかったのだ。


この小さくて薄い本は、とても大切なテーマを扱っている。

それは、「やめる！」ということだ。

信じていただけるかどうか分からないが、「やめる」ということはいろいろな場面で役に立つ立派な戦略、人生や仕事と賢く付き合っていくための方法なのである。

逆に、「やめる」ことが間違った選択になる場合もある。しかしこの二つは、とても簡単な方法によって見分けられる。

ハンナ・スミスは、賢明でひたむきで、骨身を削って仕事に打ち込んできただけではない。じつは、やめることも得意としているのだ。今の仕事を手に入れるために、他のものを追いかけるのを何度やめたかわからない。そもそも、すべてのことに挑戦するなんて、無理というものだろう。特に、ナンバーワンを目指すなら。

ところで、「やめる」というテーマに入る前に、ナンバーワンになることがなぜそれほど大切なのかを説明しておく必要があるだろう。

ナンバーワンには、こんなに価値がある

世間は、スーパースターをもてはやす。商品でも、ヒットソングでも、企業でも、社員でも……ナンバーワンになれば、ご褒美がもらえる。このご褒美にはものすごく大きな開きがあって、ナンバーワンには10番手の10倍、１００番手の１００倍ものご褒美が押し寄せてくる。

たとえば、国際アイスクリーム協会によると、アイスクリームのフレーバー別人気トップ10は、こんな顔ぶれだ。

1. バニラ
2. チョコレート
3. バターペカン
4. ストロベリー
5. ナポリタン
6. チョコレートチップ
7. フレンチバニラ
8. クッキー&クリーム
9. ファッジリップル
10. プラリーヌ

「たいていのランキングと同じで、きっと上位のフレーバーも、他のフレーバーとそれほどの差はないだろう?」と考えるのも当然だろう。ところが、人気の度合いは左ページ上のグラフのようになっている。

これが通常のパターンだ(いや、「多くのパターン」と言い直しておこう)。グラフがこういう形になるのは「ジップの法則」と呼ばれており、就職先や大学の人気ラン

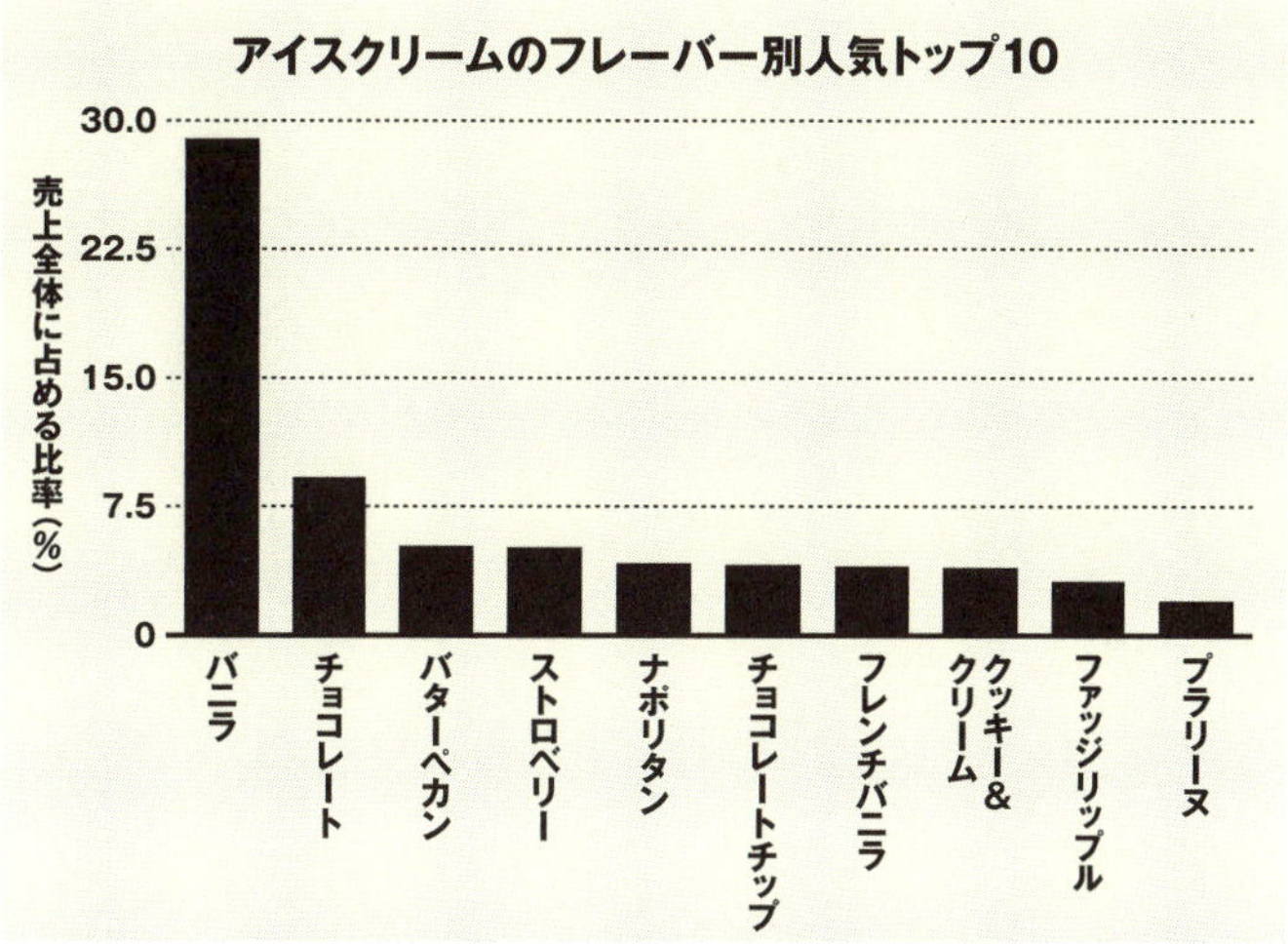
アイスクリームのフレーバー別人気トップ10
売上全体に占める比率（%）
30.0
22.5
15.0
7.5
0
バニラ
チョコレート
バターペカン
ストロベリー
ナポリタン
チョコレートチップ
フレンチバニラ
クッキー&クリーム
ファッジリップル
プラリーヌ

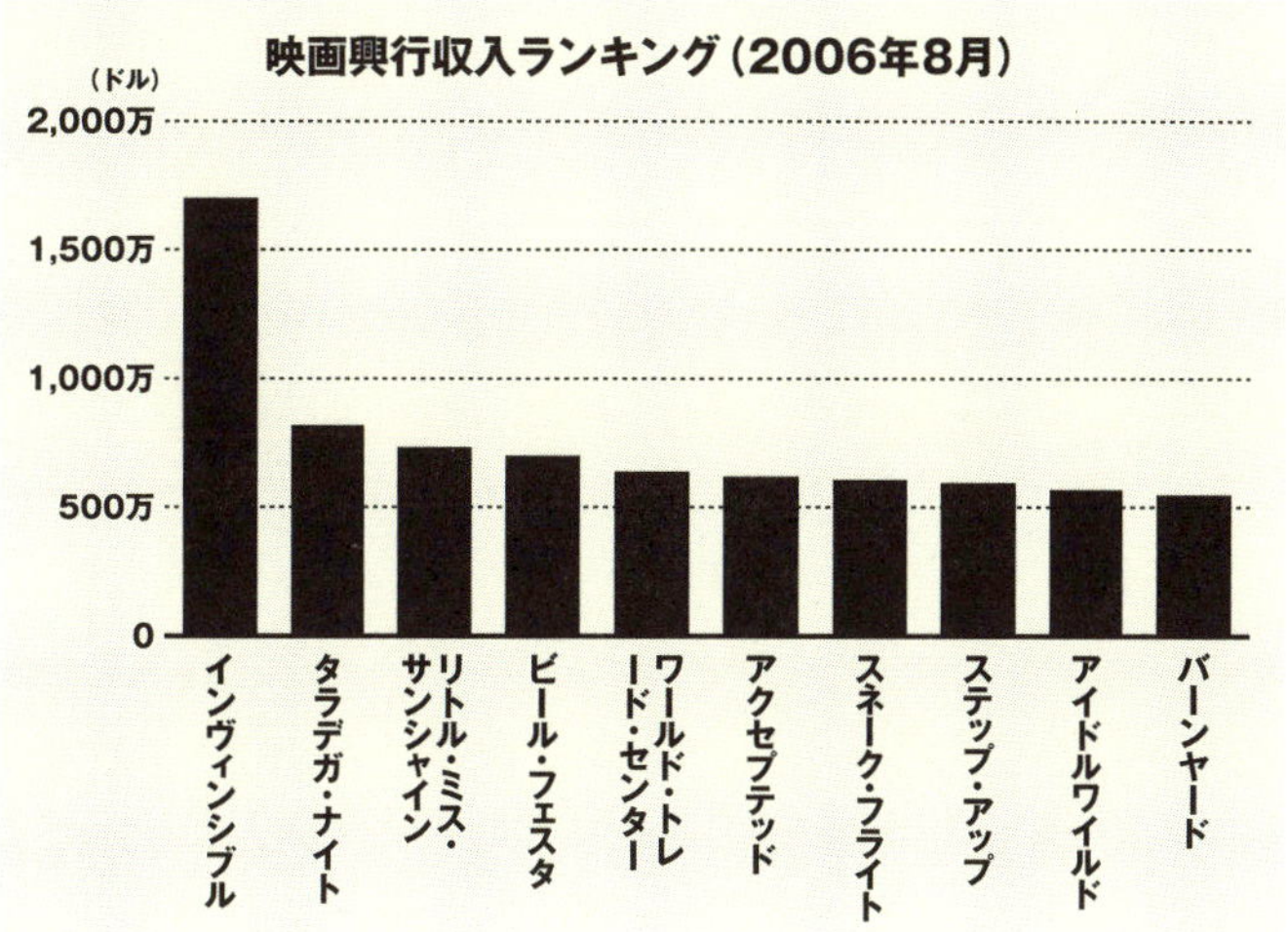
映画興行収入ランキング（2006年8月）
（ドル）
2,000万
1,500万
1,000万
500万
0
インヴィンシブル
タラデガ・ナイト
リトル・ミス・サンシャイン
ビール・フェスタ
ワールド・トレード・センター
アクセプテッド
スネーク・フライト
ステップ・アップ
アイドルワイルド
バーンヤード

キングでも、CDの売上げでも、その他いろいろな分野でも、同じように当てはまる。

なぜ、こんなふうにナンバーワンのひとり勝ちに近いかというと、勝ち組はみんなに愛されるからだ。

もう一つ、こんな例もある。2006年8月の、映画館の客足がひどく落ちた週の興行収入ランキングだ。

1. インヴィンシブル 栄光へのタッチダウン
2. タラデガ・ナイト オーバルの狼
3. リトル・ミス・サンシャイン
4. ビール・フェスタ 世界対抗一気飲み選手権
5. ワールド・トレード・センター
6. アクセプテッド
7. スネーク・フライト
8. ステップ・アップ
9. アイドルワイルド
10. バーンヤード

あの型破りな映画『ビール・フェスタ 世界対抗一気飲み選手権』が、哀れに思えて仕方ない。なんとか4位に食い込んではいるが、実際の収入を見てほしい。

こういう形のグラフは、クリス・アンダーソンの『ロングテール』（篠森ゆりこ訳、早川書房刊）を読んだ人には、もうおなじみだろう。もっとも、ここでは〝おまけ〟でしかない長い尾っぽ《ロングテール》についてはふれない。

ここで紹介したいのは、大儲けにつながる、短くて大きな頭の部分である。このうまみのある部分を、ランキングの上位勢はごっそり持っていくのだ。

どうしてナンバーワンにこだわるの？

誰でも、時間を取られるのはいやだし、危ない橋だって渡りたくないものだ。

もし、あなたがおヘソの癌《がん》という特殊な病気だと診断されたら、何軒もの病院のドアをたたくような、時間の無駄は避けると思う。はじめから、「第一人者」と呼ばれる世界的な権威の医師に頼ろうとするだろう。可能性が一つしかないなら、時間の無駄づかいをする意味はなさそうだ。

知らない町を訪れたら、ありきたりのレストランにふらりと足を踏み入れるだろうか？　それとも、ホテルの案内係に、町で一番のレストランを教えてもらうだろうか？

職場で人材を募集しているとしよう。あなたが採用する立場だったら、平凡な内容の履歴書と、その仕事にぴったりのキャリアの履歴書と、どちらに先に目を通そうとするだろうか？

時間は限られている。いろいろと試すだけの余裕もない。だから誰でもごく自然に、ナンバーワンやそれに近い限られた選択肢に目を向けるのだ。

最高の選択肢を追い求めるのは、なにもあなただけではない。みんながそうしている。だからこそ、ナンバーワンにはとてつもなく大きなご褒美が待っているのだ。

それぞれの選択肢に対する支持率は、ランキングが上がるにしたがって正比例の直線のように徐々に上がっていくのではない。急カーブを描きながらグングンと伸びていくのだ。

ナンバーワンにこだわる本当の理由

ナンバーワンの地位はとてつもなく恵まれていると先に書いたが、これにはもう一つの、やや微妙な理由がある。ナンバーワンが貴重なのは、ほんのわずかな席しか用意されていないから、というものだ。手が届きにくいからこそ、ナンバーワンの席には大きな価値がある。

たとえば、ペットボトル入りの水には何百ものブランドがあるけれど、どれもほとんど代わり映《ば》えしない。だから、どれを買おうか時間をかけて探し回る人などいないし、トップブランドと呼べるものもない。ところが、これがシャンパンとなると話は違う。ドン・ペリニヨンは別格だから、みんなが目をつぶってサイフのひもをゆるめる。

格の違う存在がどうしてこれほど限られているのかというと、ナンバーワンの座にたどり着くまでのハードルが高いからだ。競争相手はたいてい、ナンバーワンの資格をつかみ取るはるか手前であきらめてしまう。そういうものだ、とまわりのみんなも思っている。

これが世の中の仕組みというものだ。

「世界で最高」ってどういうこと？

あなたのもとで働こう。あなたから何かを買おう。あなたを推薦したり、一票を投じたりしよう。あなたの要望に応えよう——こう考えてくれている人たちはみんな、あなたを選ぶことが最高の選択かどうか、考えを巡らせる。

「世界で最高かどうか」

これは、自分の考えや知識をもとにして、「今の自分にとって最高かどうか」「自分に関わりのある世界で最高かどうか」という意味だ。

たとえば、私がフリーランスの編集者を探すなら、英語を母国語としていて、すぐに仕事を引き受けてくれそうで、報酬の折り合いがつきそうな編集者の中で最高の人材を求める、ということになる。それが私にとっての「世界で最高」だ。

ヘルニアの治療を受ける時も、最高を求める。友だちや仕事仲間が勧めてくれて、自分なりの「優秀な医師」のイメージにもぴったりの医者。それから、同じ町で開業していて、新しい患者を受け付けてくれる病院。

こんなふうに、「世界」の意味はその人によって本当にまちまちだ。

大量市場《マスマーケット》というものは消えかかっている。ポピュラーソングもコーヒーブランドも、最近ではもう、巨大ブランドと呼べそうなものはない。代わりに、星の数ほどもの小さな市場ができていて、そのそれぞれに最高のブランドが存在している。

あなたにとっての小さな市場が、「オクラホマ州タルサのオーガニック野菜市場」なら、それがあなたにとっての「世界」だ。その中で最高のものを求めるべきだろう。「最高」は一人ひとりの感じ方しだいで決まるし、決めるのは売り手ではなくて買い手だ。「世界」は自分を中心に決まる。他の誰でもなく、買い手が決める――買い手にとって便利かどうか、好きかどうかで。私が定義する「世界」の中で、あなたの商品が最高であれば、私は高い代価を払ってでもあなたの商品を買うだろう。

そして「世界」はどんどん大きくなっている。

何かを見つけたかったら、誰かを探したかったら、今やどこまでも探す範囲を広げられる。ということは、気が遠くなるほどの選択肢が用意されているということだし、自分の関心にぴったり合うように「世界」の線引きをすればいいのだ。好みのものは、この星のどこからでも見つけ出せる。

その一方で、世界はどんどん小さくなっている。商品の種類がどこまでも細分化されていくからだ。

最近では、「グルテンの入っていない、とびきりおいしいビアーリ」などという稀少なパンですら、注文すれば次の日には送られてくる。自分の業界向けのリスク管理ソフトの決定版も、ネット上で、今こうしている間にも探し出せる。北米で最高のヌーディスト向けリゾートは、マウスを6回クリックしたら、もう見つかる。

このように、〝世界で最高になる〟ことはこれまでになく大切になってきているし、実現しやすくもなっている。「これだ!」と正しく狙いを定め、どこまでも追い求めればいい。チャンスは広がっているし、うまくいった場合の〝ご褒美〟も破格に大きくなっている。

アンディ・ウォーホルは世界一だった。

ニューヨークのクイーンズ地区にあるスリプラファイも、世界一のタイ料理レストランだ。

私の編集者ももちろん世界一。

お望みなら、あなただって世界一の栄誉を手にすることができる。

「世界でナンバーワンになるなんて興味ない」というなら、これから書く内容はあなたにとっては必要ないだろう。

興味はあるけれど、ナンバーワンになるまでの道のりにおじけづいてしまうなら、あなたは「やめる」という作業に取りかかる必要がありそうだ。

無限のワナ

何もかもが多すぎると、無限のワナが生まれる。

何を選ぶにしても、すでに選択肢は数えきれないまでに膨《ふく》れ上がっている。こうなると、どうしていいか分からない。何も買わなくなったり、とにかく何でも一番安いものを選んでみたり……。

市場で一番売れている商品に手を伸ばす人も多い。ベストセラー本は、刊行から月日が経《た》っても、他の既刊本よりもよく売れる。有名なニュースサイトで大々的に取り上げられたブログやホームページには、後々まで並のサイトの100倍くらいはアクセスがある。大手の保険会社には、「大手だから」というだけで契約が舞い込む。

仕事を探している人の数はうなぎ上りで、とどまるところを知らないように見える。専門的なサービスを提供する会社、弁護士、ネイルサロン、カフェ、石けんブランド、どれもみな、無限に増えている。

こんな状況だからこそ、あなたも「最高」を目指すべきだ、と言えるのだ。

もっと上を目指せる！

英文の大文字ばかりの履歴書。宛て名に誤字のある迷惑メール。「口座を開きませんか？」としきりに勧めておきながら、いったん開いたら、後はほったらかしの営業担当者。長年の患者にいつもと違う薬を処方したのに、様子を訊《き》こうともしない医者……。

これらはみんな、ぬるま湯に浸っている例だ。もっと上を目指せるのに、現状のままで満足している。多くの会社も同じこと。世界で最高を目指すのではなく、「ほどほど」で充分だと思っている。

なぜ、最高を目指してとことん努力しないのだろう？
「自分（自社）より上には誰も見当たらないから」というのが、賢明な姿勢だろうか？
「他に比べるものがないから」というだけで自社の商品が選ばれたとしても、はたして本心から喜べるだろうか？

大企業が新しい分野に乗り出そうとすると、必ずといっていいほどつまずく。なぜなら「ほどほど」で充分としか考えていないからだ。「自分たちは強大だから、商品やサービスの品質を最高レベルにまでもっていくまでもない。ほどほどのレベルで手を抜いても大丈夫だろう」とたかをくくっている。他の事業部を刺激しないように、出る杭《くい》にならないように、ほどほどを決め込む。だから失敗する。

途中で立ち止まるべき時と、立ち止まらずにひたすら突き進むべき時とを区別できていないのだ。

学校の一番の誤り

学校で習った人生についての教えは、ほとんどみんな間違っている。

その中でも一番大きな間違いは、「幅広くいろいろなことを身に付けるのが、成功の秘訣だ」という教えだろう。

成績表の中身がAとB＋が一つずつ、Bが三つだったら、大丈夫。ところが、A＋が一つとCが四つだったら、「問題あり」とされてしまう。

学校に通っていたころから何十年か時を進めて、今、目の前にある問題について考えてみよう。

どのお医者さんに診てもらうか、どのレストランで食事をするか、どの会計士に仕事を頼むか……。おそらく、相手の腕がどれだけ確かでも、必要のない仕事を頼もうとは思わないだろう。世話になっている会計士について、「安全運転が得意でゴルフも上手だったら、言うことがないのに」などと期待するだろうか？

自由な市場では、とびきり優れた商品やサービスが大きなご褒美を手にする。

学校では、「難しくて手に負えない問題は飛ばして、次に進みましょう」と教わる。手を伸ばせば届くところにある果実は取るけれど、高いところにある果実を木に登ってまで取ろうとするのは時間の無駄です、というわけだ。

試験対策の本にはこう書いてある。

「問題にざっと目を通して、やさしそうなものから解き、答えがすぐに思い浮かばない問題は、後回しにしましょう」

これも的はずれなアドバイスだ。

スーパースターは、どうしたらいいか分からない問題にぶつかっても、やりすごすわけにはいかない。それどころか、世界の頂点に立っている人たちは、とんでもない難題にぶつかっても、鮮やかにそれを乗りきる。それが彼らの真価なのだ。

難題をやりすごしてしまう人たちは、世の中の多数派ではあるけれど、引く手あまたの優秀な人材とはいえない。

多くの会社は、顧客サービス部門、受付係、大通り沿いの路面店、パンフレットなどを、周到に用意している。ところが、どれも効果はいま一つ。客は他社（あなたのライバル）を選ぶ可能性が高いだろう。そのライバル会社は、すべての分野で得意というわけではない。けれでも、肝心の分野では、きっとずば抜けた存在なのだ。

進むも引くも、見極めが大事！

「引き際」を考えることの魔術

今から20年前、一冊の本との出合いによって、私の人生はすっかり変わった。『大きく考えることの魔術』（ダビッド・J・シュワルツ著、桑名一央訳、実務教育出版刊）という本である。白状すると、本の中身は少しも覚えていない。けれども、この本のおかげで、ほんの一瞬にして、成功についての考え方が変わったことだけは覚えている。

これから書く内容が、同じような魔術をあなたにもかけられたら——それが私の願いだ。あなたの成功についての、そして引き際についての考え方を変えたいのだ。

たいていの人は、「粘らなくてはいけない！」と言うだろう。もっと頑張れ、もっと時間をかけたほうがいい、もっと訓練すれば、とにかく一所懸命に……。「途中で引き返さないで！」という、すがるような声すら聞こえてくる。

しかし、「途中でやめさえしなければ必ず成功する」というのなら、やる気の劣った企業でも繁栄できるし、才能にハンデがあっても勝てる、ということになるではないか。

こうした疑問を解くには、引き返すまでの筋道を理解しなくてはならない。意外に思うかもしれないけれど、あなたは、引く機会、やめる機会を今よりもずっと増やさなくてはいけないのだ。

波に乗った企業は、「いつ、どうやって引くか？」の戦略を立てている。それが成功の秘訣だ。受身で仕方なく引いたり、後退続きだったりするのは、破滅のもと。目指すところにいつまでもたどり着けず、最後にはくじけてしまう。たいていの人はこのパターンにはまり込む。つらくなるとすぐにあきらめ、楽な時には後退など考えもしない。

何かをやり遂げようとする時はたいてい、次の二つのシナリオのうちのどちらかに沿って物事が運ぶ。二つのメインシナリオも、それ以外のシナリオも、曲線で表すことができる。希望をかなえるにはまず、いつが引き時か、なぜ引かざるを得なくなるか、を心得ておく必要がある。

●一つ目のシナリオ――〈運命の谷〉

人生で挑戦してみる価値のあることは、どれも運命の谷と無関係ではいられない。新しい何かを始めたばかりのころは、楽しくて仕方がない。ゴルフ、鍼《はり》治療、飛行機の操縦、化学の実験……何であれ、とにかく楽しいし、まわりの人たちからも、アドバイスや励ましや褒め言葉をたくさんもらう。

はじめの数日、数週間は、メキメキ上達して、快調に先へと進んでいく。何に挑戦しているにせよ、少しも悩まず夢中になっていられる。

その時、ふいに調子が狂い始め、運命の谷に行き当たる。

運命の谷とは、挑戦を始めてから本当の極意をつかむまでの、長くつらい時期を指す。長いといっても、じつはこれが、目的地にたどり着くまでの一番の近道でもあるのだけれど。

スキューバダイビングの免許を取るためには、あまり意味のないお役所仕事に付き合わされる。これが運命の谷だ。

スキーにしても、ファッションデザインにしても、素人がイロハを覚えた程度のレベルから、プロ並みの実践的な技術を身に付けたレベルに達するまでには、時間がかかる。これが運命の谷だ。

ビギナーズラックが終わり、本物の実力を手にするまでの長い期間、それが運命の谷だ。あなたたちをはじき出すために設置された、人工の壁《バリア》のようなものだ。

大学で有機化学を学んだ人は、こうした運命の谷を経験しているに違いない。大学は、本当にやる気のある学生だけに、医者への道を進んでほしいと考えている。だから、バリアを張っている。有機化学の授業はとても難しいから、ここで医者になれる学生とそうでない学生が、ふるいにかけられる。有機化学でつまずいたら、医者への道は絶たれてしまう。

最初に「医者を目指している」と宣言したときは、「すごい！」「がんばって！」という言葉が次から次へと寄せられる。おばあちゃんからも「医者の孫を持てるなんて、こんな幸せなことはないよ」と、しきりに感激される。ところが、すぐに有機化学の悪夢が始まり、これはイバラの道だと気づかされる。

産業見本市には、生まれて間もない企業が何十社も出展する。こうした企業は、たくさんの時間とお金をかけて商品を開発し、マーケティング部門を立ち上げ、見本市のブースを押さえる。儲けの大きそうな市場に何とか入り込むためだ。
ところが、こうした企業のほとんどが、次の年には出展しない。運命の谷に陥って、そこから這い上がれず、消えていったのだ。

「『フォーチュン500社』にランクされる企業の経営トップに上りつめ、目のくらむような富と権力を手にしたい」

こんなふうに夢見る人たちにも、同じような運命が待っている。自家用ジェット機、会員制の高級ゴルフクラブ、誰にも遠慮せずに物事を決められる自由……。誰もが、現代の王族のような暮らしに憧れる。

しかし、彼らの経歴を見ると、今の地位を手にするまでに四半世紀ものつらく厳しい時期を過ごしてきたことがわかるだろう。その間ずっと、愚痴も言わずにひたすらつらさに耐え、上から命じられるままに仕事をこなさなくてはならなかった。目標を達成し、誰よりも長い時間を仕事に使い、上司を立てなくてはならなかった。それを来る日も来る日も、何年も続けてきたのだ。

経営トップの椅子は座り心地がよい。しかし、その椅子にたどり着くまでは、針のむしろに座るような思いが絶えない。深くて長い運命の谷を耐え忍ばなくてはいけない。楽に経営トップになれるくらいなら、それを目指す人たちは次々と現れるし、あれほど高額の報酬も支払われないだろう。前にも書いたように、一握りの人しかなれないからこそ価値があるのだ。運命の谷さえなければ、誰もが経営トップの椅子に座れるわけだから、少しもありがたみはない。

忘れないでほしい。

勝ち組といわれる人たちは、運命の谷をただ切り抜けるだけではない。まじめにコツコツと努力して生き残るだけではない。運命の谷に自分から飛び込み、進んで努力しながら、新しい発想を身に付けてきたのだ。

運命の谷に入り込んだからといって、そこで動きを止めることなく、着々と前に進んでいけば、谷はそれほど長くは続かない。

●二つ目のシナリオ――〈行き止まり〉

行き止まりはとても単純だから、イラストにするまでもないだろう。頑張って、頑張って、頑張り抜いても、まったく〝のれんに腕押し〟という状態だ。良くも悪くもならず、すべては元のまま。

そういう仕事は「先の見込みのない仕事」などと呼ばれる。行き止まりについては、あまり説明することはないが、その存在は心に留めておいてほしい。

そして、行き止まりの道に迷い込んだと思ったら、とにかくそこから抜け出さなくてはいけない。それもすぐに！　なぜなら、いつまでも行き止まりで迷ったままでは、他に何もできないのだ。明るい見通しがないことに人生を費やすなんて、失うものがあまりにも大きすぎる。

運命の谷と出合っても、努力が報われそうなら粘ろう。

行き止まりで迷ったら、すぐに引き返して、別の何かに努力を振り向けよう。

●三つ目のシナリオ――〈絶壁〉（めったにないけれど、怖い）

タバコは、一度吸い始めたらなかなかやめられないが、じつは、これは科学者が仕組んだものらしい。タバコを吸う習慣を続けた場合の快楽度をグラフにすると、35ページ下のようになる――。

最後にいまわしい急降下が訪れる（＝肺気腫にかかる）ことを別にすれば、タバコを吸う習慣は、マーケティング担当者にとっては夢のようにありがたい。一度この習

進む《すす》も引《ひ》くも、見極《みきわ》めが大事！

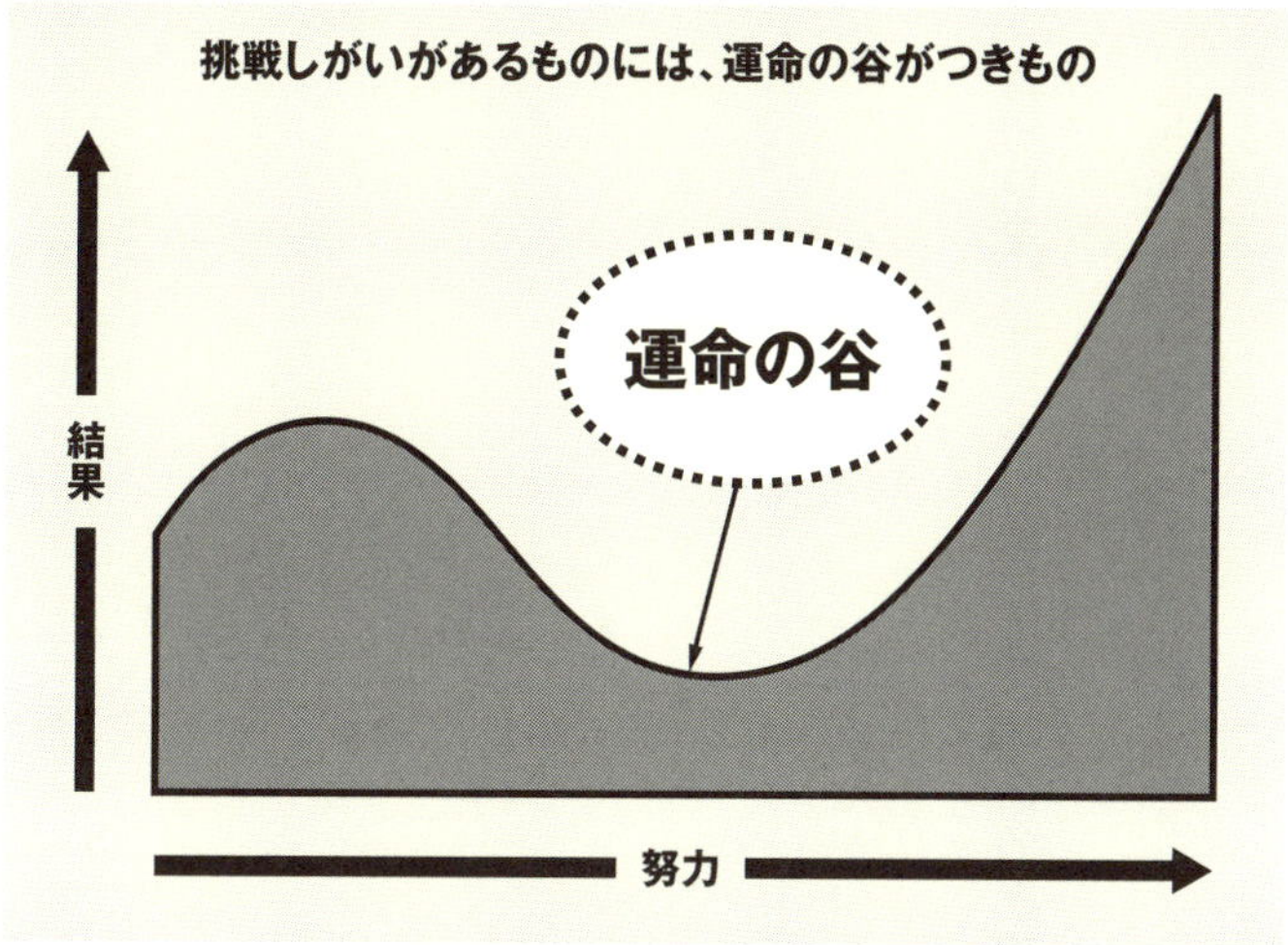
挑戦しがいがあるものには、運命の谷がつきもの
運命の谷
結果
努力

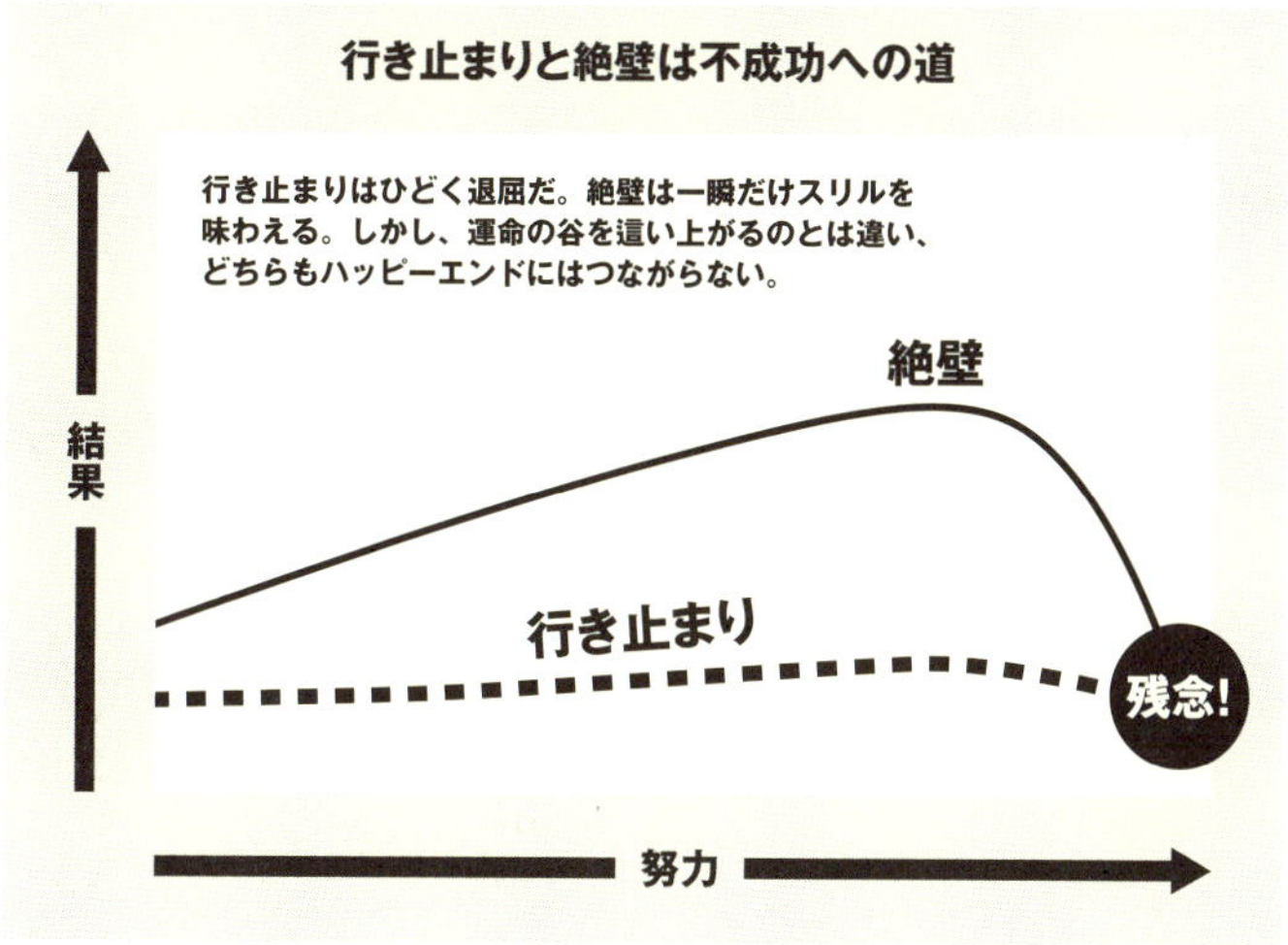
行き止まりと絶壁は不成功への道
行き止まりはひどく退屈だ。絶壁は一瞬だけスリルを味わえる。しかし、運命の谷を這い上がるのとは違い、どちらもハッピーエンドにはつながらない。
絶壁
行き止まり
残念!
結果
努力

慣がつくと、まずやめられない仕掛けになっているため、時間が経てば経つほど、いつまでも吸い続けたいという思いが強くなる。時間とともに、禁煙の苦しさは大きくなっていくばかり。

このパターンを私は「絶壁型」と呼んでいる。いつまでもやめられず、ついには絶壁から落ちてすべてが終わる。やめられない人が多いのも、無理もないことかもしれない。

ただし、セールスの仕事はタバコを吸うのとは違う。歌手を目指すのも、大切な人と末永く付き合っていくのも、タバコを吸うこととは違う。道の先でたいてい待っているのは、運命の谷か行き止まりのどちらかで、絶壁に出合うことはまずない。

運命の谷も行き止まりも、一本道とは違う。毎日少しずつ前へ進みなさい、などと教えてくれはしない。ただ、あなたがつまずくのをじっと待っているのだ。

挑戦しがいがあるものには、運命の谷がつきもの

テニスにも運命の谷はつきものだ。

家の近くのテニスクラブで汗を流す愛好家と、地方リーグで活躍するチャンピオン

とでは、生まれながらの才能にそれほど大きな差があるわけではない。違いは、「ここでやめたら楽になれる」と思った時に、歯を食いしばって頑張り抜けるかどうかにある。

政治の世界にも運命の谷はある。選挙は負けるよりも勝ったほうがもちろんうれしいけれど、立候補者が次々と現れては、そのほとんどが泡のように消えていく。そういう前提で物事が成り立っている。

運命の谷を耐え抜ける人はごくわずかしかいない。だからこそ、そのわずかな人たちはとても貴重な存在だといえるのだ。

行き止まりと絶壁は不成功への道

行き止まりか絶壁のどちらかに出合ったら、なんとしてでも引き返さなければならない。「もう少ししたら……」などと言っていてはいけない。とにかく、今すぐに引き返さなくてはならない。私が知るかぎり、人生で成功できないもっとも大きな原因は、行き止まりや絶壁を前にしながら、すぐに引き返せないことにある。

「この薄くて小さな本に書いてあるアドバイスなんて、分かりきっている」と不平を言うのは簡単かもしれない。たしかに、「成功の秘訣は、成功する人になることだ」などということは誰でも知っている。優れた商品やサービスを提供すればいい、逆境でもあきらめてはいけない、などということも知っている。

ところが、本当は分かっていない。それが問題なのだ。もっとも、上司やライバルも分かっていないだろうから、少しは胸をなでおろしてもいいかもしれないが。

みんな、頭では分かっているが、経験がともなっていないのだろう。

難しい判断について単刀直入に聞くが、あなたは行き止まりや絶壁タイプのプロジェクトから身を引こうとしているだろうか？　それとも、波風を立てずになんとか踏ん張ったほうが楽だと考えているだろうか？　もうしばらく頑張れば針路を変えられるのに、それは避けたほうがいいのだろうか？　世界の頂点に立てる見込みがないなら、頑張り抜く意味はないように思うけれど……？　市場で大きな勢力になるために、時間やお金をムダにかけすぎているのではないか？　時間とお金が足りないなら、思いきって、今とは違う、もっと小さな市場を狙ってみたらどうだろう？

実際にこういう経験をしてみれば、この本のアドバイスを身をもって理解できるだろう。

運命の谷には成功の芽がある

もうお気づきかと思うが、運命の谷にこそ成功の秘密がある。「運命の谷の向こう側にたどり着いてみせる」と心に決め、時間と熱意と努力を注いで、それを見事に成し遂げる人。彼らこそ、世界の頂点に立てる人たちだ。わき目も振らず、平均より少し上では満足せず、壁に挑み、打ち破る。理由は何にしろ、絶対にあきらめず、運命の谷を前へ前へと進み、谷の向こう側へと這い上がる。

スノーボードは、今を時めく花形スポーツだ。少ない費用で、スピード感とスリルが味わえる。それに、なんといってもカッコよく見える。それなのに、実際にやっている人が少ないのはなぜだろう? スノーボードの基本を身に付けるには、苦しい運命の谷を這い上がらなくてはならないからだ。2、3日でなんとかコツはつかめるが、それだけでもう青息吐息。続けるよりも、やめたほうが楽だということになる。

勇敢な人は、根気よく耐えて、運命の谷の向こう側へとたどり着き、えり抜きの人間だけに与えられるご褒美を手にする。分別のある人は、運命の谷を克服できそうもないと思い、はじめからスノーボードに挑戦すらしない。おろかな人は、ベストを尽くした果てに、運命の谷の底であきらめ、多くの時間とお金を無駄にする。

世界の頂点に立つ勇敢な人はごくわずかしかいない。分別のある人はおそらく、心の底から夢中になれる何かのためには、それなりの時間やお金を取っておくだろう。どちらも素晴らしい選択だと思う。

だが、一番多いのは最後のパターンだ。がむしゃらに頑張ったあげくにあきらめる。

成功を望むなら、これだけはやってはいけない。

運命の谷に立ち向かえ！

ブッチの知恵

映画『明日に向かって撃て』に、ブッチ・キャシディとサンダンス・キッドがチャーリー・シリンゴや探偵たちから追われ、バッドランズ地方を逃げ回るシーンがある。このときブッチは、丘を目指して進み続け、どんどん険しい地帯へと分け入っていく。なぜなら、見通しのいい平地では、ブッチもサンダンスも、逃げきれるチャンスが少ないからだ。

行く手には丘が立ちはだかるが、ふつうなら登れないようなその丘を乗り越えないかぎり、追っ手をまく術《すべ》はない。道のりが険しければ険しいほど、ブッチたちにとっては好都合だった。

ところが追っ手たちもなかなかしぶとい。やがてブッチとサンダンスは、絶体絶命のピンチを切り抜けて、なんとか逃げきることができた。

これは映画の中の話ではあるが、現実の市場でも、いつでも競争が繰り広げられていて、大勢のライバルたちが毎日のようにピンチを切り抜けている。

その中で、「とても耐えられそうもない」と思うような難関（そう、運命の谷だ）をしのぎきると、ライバルたちを引き離すチャンスが開ける。

大勢がしのぎを削っている状況なら、むしろ逆境は味方になる。その逆境が大きければ大きいほど、ライバルたちに水をあける可能性は広がるのだ。

けれども、自分まで逆境に負けてしまったら、元も子もない。

ジャック・ウェルチの知恵

ジャック・ウェルチは、かのゼネラル・エレクトリック（GE）を立て直した偉大な経営者だ。

彼は多くの決断をしたが、その中でも伝説のように語り継がれているのが、「業界のナンバーワンかナンバーツーになれなければ、撤退する」というものだ。

何十億ドルもの売上げがあり、利益にホクホクの事業部を、市場シェアが業界で4位だからといって売ってしまうとは……。理由は明快——経営陣の気持ちを散らしてしまうから。

つまりトップに立つには、ヒト、モノ、カネ、関心、熱意などを集中的に運用する必要があるからだ。そして何より、そのままにしておけば「世界の頂点に立たなくても（利益さえ上げていれば）かまわない」とみんなが思ってしまうからだ。

ジャックは、行き止まりに出合ったら、迷わず引き返した。

そして、それにより自由になったヒト、モノ、カネなどを、ほかの事業部が運命の谷を抜け出すための応援に充《あ》てたのである。

やっかいな風

ウィンドサーフィンはとても簡単だ――風さえ別にすれば。

風はとにかく扱いにくい。上質のサーフボードやウェットスーツを見つけて借りるのは、それほど大変ではないし、難しい技術が必要なわけでもない。ところが、風だけは予測がつかないから、そのために何もかもが台無しになりかねない。なにしろ風向きときたら、最悪のタイミングで変わるのだ。

同じことは、顧客サービスについてもいえる（客がいなかったらどれほど楽だろう……）。それどころか、企業の業務はどれもみな、風向きのようにやっかいな問題を抱えている。

お金に関する正しい情報を早く入手していたら、経理の仕事は手がかからないだろう。顧客や見込み客が、こちらの狙い通りの行動をとってくれたら、マーケティングの仕事はどれほど楽だろう。

でも、悲観しなくていい。仕事に骨が折れて先の予想がつきにくくても、それをバネにすればいいのだ。なぜなら、役に立つ仕事である以上、他にやり方があるはずだから。

みんながあえてウィンドサーフィンに挑むのは、それが楽しいから。高いお金を払って専門の医者にかかるのは、病気は予想がつかず、自分では診断もできないから。手ごわい問題を解決しなくてはいけない時こそ、われわれの出番ではないだろうか。

とんでもない顧客、代理店、検索エンジンなどに思わず悪態をつきそうになったら、「この不幸なやりとりは、本当は一日の中で最高の出来事なのだ」と、ぜひ気づいてほしい。その出来事がなかったら、あなたならではの持ち味は発揮できないだろう。

運命の谷こそ、あなたの親友なのだ。

あなたの腕の見せどころ

ささやかな励ましの言葉をあなたに贈りたい——

「運命の谷は、あなたの腕の見せどころだ」

重量挙げ、商品やサービスの売り込み、求職、テニス……何でもいいのだが、あなたは自分の好きなことにはたくさんのものをつぎ込んできたはずだ。多くの時間やお金や熱意を費やして、ここまでやってきた。道具を買ったり、学校に通ったり、評判を築いたり……。

だから、今すぐにでも、運命の谷に立ち向かえるはずである。

運命の谷こそ、あなたの腕の見せどころだ。

ただし、運命の谷から這い上がりさえすればいいかというと、それだけではない。

運命の谷を、大切なチャンスとして受け止めなくてはいけない。そう、これは大きなチャンスなのだ。

手を広げるのは間違っている！

運命の谷に出合うと、人も組織も、ともすれば手を広げようとする。谷から這い上がれなかった場合に備えて、別の何かを始めるための勉強に本腰を入れる。

レコード会社なら、プロモーション対象を絞らずに、多くのアーティストを同時に売り込もうとする。求職中の人なら、一番得意な分野をアピールするのではなく、あれもできます、これもできます、などと言ってみる。仕事が好きでやる気にあふれた人は、熱意のおもむくままいろいろなことに挑戦しようとする。

手を広げるのは悪くないように思える。未知の市場に乗り込む、これまでとは違った分野の職種に応募してみる、新しいスポーツに挑む……。「これこそ、自分にぴったりかもしれないでしょう？」というわけだ。

ところが実際は、わき目も振らずに一つの分野で頑張り通した人こそ、最後に笑うことができるのだ。

ひたすら粘り抜いて、ついに運命の谷の向こう側にたどり着くと、「世界で最高」

を探し求める人たちから大きな称賛をもらえる。

エサを求めるキツツキが、何千本もの木を飛び回って、それぞれ20回ずつ幹をつついたらどうだろう。いつまでたってもエサを見つけられず、忙しく幹を突き続けるだけだろう。しかし、1本の木にとどまって2000回もつつけば、豪勢な食事にありつけるかもしれないのだ。


未知の市場に乗り込もうとするなら、その前に想像してみてほしい。

運命の谷から這い上がり、今の市場で頂点に輝けたら、どれほど素晴らしい世界が開けるかということを。

たいていの人は引き返すのが怖い

現実を正面から見すえて引き返すよりも、平凡な道を選んだほうが楽だ。

引き返すのは簡単じゃない。引き返せば、「ナンバーワンには絶対になれない」と認めることになる――少なくとも今の分野では。だから、現実を受け止めずに目をそらし、平凡なままで満足する。

なんてもったいないのだろう。

癪《しゃく》にさわるなあ……

私は頭にきている。

多くの価値ある企業がどこもかしこも、行き止まりで立ち往生したままでいるからだ。さっさと引き返して、自分たちにふさわしい分野にヒト、モノ、カネを振り向ければいいのに。

それから、あまりに大きくて深い運命の谷に出合ってしまい、自分たちの力ではとても太刀打ちできないのに、そうと気づかずに時間やお金を無駄に使ってもがく人たちにも、イライラさせられる。

そして、何より我慢がならないのは、「突破口を開くのは簡単だ」と説明するのに、私がこんなに長くかかってしまったこと！

お手本はアーノルド・シュワルツェネッガー

運命の谷については、その存在に気づくことが何より大切だ。目の前に運命の谷があると気づいてはじめて、そこから這い上がるための一歩を踏み出せる。

『メンズヘルス』誌は、マッチョタイプの男性を表紙に載せるたびに、売上部数が跳ね上がるという。なぜか？　誰もがマッチョタイプだったら、そうなるための秘訣を紹介しても、読者を引き付けられないだろう。ボディビルダーのような体型はめったにない。だからこそ、たくさんの人が憧れる。

ウェイトトレーニングの科学はとても興味深い。1分間か2分間集中して、筋肉を極限まで疲労させるためのトレーニングを行なうと、最後の数秒間で筋肉が発達するのだ。

あなたも含めてたいていの人は、来る日も来る日も、朝から晩まで筋肉を使っている。にもかかわらず筋肉は発達しない。ボディビルのチャンピオンとは似ても似つかない。なぜなら、発達をうながす直前で、筋肉に負荷をかけるのをやめてしまうからだ。それは、ごく自然な反応だろう。疲れが頂点に達すると、筋肉は悲鳴を上げて痛み出すから。

訓練して成果を上げる人たちは、最初の何分間かはひたすら耐える。そして最後の最後にそれが実を結ぶ。ところが、まったく同じ努力を払っても、たった2、3秒早く音《ね》を上げただけで、すべては水の泡になってしまうのだ。

苦痛を感じたらやめる。これは人間にとってごく自然な反応だ。だが、そこで持ちこたえられるかどうかが、勝者になれるかどうかの分かれ道になる。

要するに、覚悟がいるのだ。運命の谷で引き返すのは、賢い選択とはいえない。せっかく意味のある旅を始めたのに、運命の谷にさしかかったところで先へ進むのをやめてしまっては、それまでに費やした時間や労力が無駄になる。

多くの場合、運命の谷で引き返すのが習性になってしまい、あれもこれも手をつけたものの、結局、ほとんど成果は上がらない、となってしまう。

ルールはいたって簡単だ。

運命の谷から這い上がれないなら、最初から挑戦すべきではない。

この簡単なルールを大切にすれば、何に挑戦すべきかを最初にじっくり考えてから、物事を決められるようになるだろう。

スーパースターはこう発想する

スーパースターは望んだものを手に入れるが、それは独特のテクニックを持っているからだ。ふつうの人よりもはるかに多くの収入、名声、チャンスが得られるのは、並はずれた人材を求めるファンや雇い主にとって、他にほとんど選択肢がないからだ。

不動産のやり手営業マンは、平凡な営業マンと比べて5倍から10倍もの顧客を抱えている。花形弁護士には、専門分野に関係なく、抱えきれないほどの仕事が押し寄せる。音楽の世界でも、スターダムにのし上がれば、1回のコンサートで相場の1000倍ものギャラが入る。スーパースターは、自分の世界で頂点に立っている。

あなたがもしスーパースターを目指すなら、険しい谷を選ぶ必要がある。その谷で、脱落する人間と成功する人間とがふるいにかけられる。あなたはなんとしてでもこの谷を這い上がり、谷の向こう側へとたどり着かなくてはならない。

もちろん、誰もがそれを成し遂げられるわけではない。さもなければ、世の中にスーパースターなど生まれないはずだ。あなたがこの道を選んだのは、自分にとっての運命の谷だということに気づき、その谷を這い上がれると思ったからだろう。

運命の谷は、あなたの最大の味方だ。なぜなら、谷があるからこそ、この旅は挑みがいがある（そしてライバルに水をあけることができる）からだ。

だが、ちょっと待ってほしい。それだけでは充分とはいえない。

「自分なら征服できる」と思える運命の谷を見つけ出すだけでなく、他に、行き止まりにぶつかって足踏み状態になっていることがあったら、そのすべてをきっぱりとやめる必要がある。

運命の谷のような大きなチャンスを生まないなら、プロジェクトも、投資も、努力も、やめなくてはいけない。これが困難であることは分かる。でも、とても大切なことなのだ。

少し前までは、ライバルの98％を抑えて上位の2％に入っていれば、それでよかった。つまり、容易にその地位を逆転されることはなかった。ところが、グーグルが普及した今では、それは何の役にも立たない。なぜなら、どの分野で競争しているにしても、ライバルとの差はクリック一つでしかない。揺るぎない地位といえるのは、今や世界の頂点だけだ。

世界の頂点に立てない七つの理由

1. 途中で時間切れになる（そしてあきらめる）
2. 途中で資金が底をつく（そして引き返す）
3. 途中でおじけづく（そして逃げ出す）
4. はじめから本気ではなかった（そして投げ出す）
5. 興味や熱意が冷め、「ほどほどでいい」と割りきる（そしてやめる）
6. 長い目で考えずに、目先のことばかりに気を取られる（そして、目の前に大きな困難が立ちはだかると、引き下がる）
7. 間違った分野で頂点を目指そうとする（自分に才能のない分野を選んでしまった）

これらは、あなたのチームや会社にも当てはまるし、たとえば求職中のあなた、会社勤めのあなた、起業家のあなたにも当てはまる。

ぜひ覚えておいてほしいのだが、右にあげた七つの理由については、あらかじめ備えることができる。挑戦を始める前に、必要なものはすべて持ったかどうか、目的地までたどり着けるかどうか、見当はつく。世界の頂点に立てないのは、たいていの場合、プランに誤りがあったか、ゴールを切る前に断念したかのどちらかだ。

力不足だという可能性はあるだろうか? あなたやあなたのチームに力が足りず、世界の頂点に立てない可能性は? それもないとはいえない。チェロやスピードスケートなどの分野では、その可能性はけっして小さくないだろう。

だが思いつくかぎり、ほとんどの分野では、自分には才能が足りないのでは? という心配は不要だ。大丈夫、腕に不安はない。問題は、道を極めるために、必要な近道を選べるかどうかということだ。

運命の谷を見極めろ！

運命の谷がそこかしこにある理由《わけ》

運命の谷は、ピラミッドに支えられているらしい。底辺にいる大勢の人が頂点にいる一人を支えている、というあの形状だ。

けれどもこれは、単なる比喩《ひゆ》にとどまらない。あなたが考えているよりも、ずっと身近な現象なのだ。

たとえば、フィットネスクラブにはたくさんの会員がいる（そのおかげでクラブは会費を低く抑えられる）。ところが、入会しても足しげく通う人はごくわずか。クラブは最初からそれを見込んでいる。会員がみんな押し寄せたら、いつ行ってもフィットネスマシンはふさがっているだろうし、新しく入会しようとしても受け付けてもらえないだろう。

ＤＶＤレンタル会社のネットフリックスは、月10ドルで好きなだけ映画のＤＶＤを貸してくれる。しかも、送料まで向こう持ち。いったい、どうやって成り立っているのだろう？　ＤＶＤが手元に届いたら、その日に観て、すぐにネットフリックス宛てに返送すると、次のＤＶＤが送られてくる。これを繰り返すと、月に10ドルで少なくとも６本は映画を楽しめる。

種明かしをすると、月に６本くらい観る人がいる一方で、興味をなくしてしまい月に１本しか観ない人、それどころか１本も観ない人がその何倍もいるのだ。この大勢の人たちが、一部の熱心な会員を支えている。もちろん、ネットフリックスの願いは、会員にたくさんの映画を観てもらうことだろう。そうすれば、会員はネットフリックスに愛着を抱くようになるからだ。

とはいえ、冷やかし半分の会員がいなかったら運営は立ち行かなくなり、会社は音を立てて崩れてしまうのも事実だろう。

航空会社は長い間、座席数より多めにチケットを売るオーバーブッキングをしていた。当日になっても現れない客がいるから、その分のチケット代が航空会社の懐に入るという仕組みだ。

政治家は、「アンテナが低くて正しい情報を持たない人たちは、選挙で投票しない」という予測を疑わない。投票しない人たちも税金は払っているから、そのおかげでひと握りの政治家が支えられ、いつまでも議員の椅子に座り続けられる。

それから、これも忘れてはいけない。

大学アメフト界が左うちわなのも、やはりピラミッドが出来上がっていて、プロリーグに憧れるたくさんの選手がそれを支えているからだ。ところが、ほとんどの選手たちが夢をかなえられずに終わっている。

あなたの仕事や趣味が何であるにせよ、きっとそれらは、途中でやめる人が少なくないという前提で成り立っている。やめる人が多いから、やめずに頑張る人はごくわずか。ごくわずかだから尊重される、というわけだ。

『オズの魔法使い』には、カーテンの後ろの男が、主人公のドロシーとその友だちに途方もなく難しい、およそ実現できそうもない課題を与えるシーンがある。この男はオズの国で安楽な暮らしをしているが、それは従者たちにウルトラＣ級の使命を果たさせてきたからだ。

われわれがあきらめるのも無理はない。世の中がそういうふうにできているのだから。

運命の谷・その八つのタイプ

多くのものが、運命の谷のおかげで成り立っている。

運命の谷は、企業やわれわれのような個人がもっともあきらめそうなところに存在している。

「谷に出合うだろう」とあらかじめ分かっていたら、どう対処するかを自分で決めやすいはずだ。手ごわいと知ったうえで、「全力で這い上がってみせる」と心に誓うか、それとも谷に出合う前に白旗を揚げるか、決めるのだ。

ただし、谷にさしかかってから引き返すくらいなら、はじめから挑戦しないほうがいい。

●モノづくりの谷

ガレージで日曜大工に取り組むのは、簡単だし楽しい。ところが、鋳型《いがた》を買い込む、集積回路（ＩＣ）を設計する、大がかりな生産に向けて体制を整える、となると、難しいうえに費用もかかる。大がかりな生産に備えるためには、時間も、努力や資金もばかにならないため、これが運命の谷をつくり出す。

谷があるから、途中で大勢が脱け落ち、「生産量を増やしてみせる！」という果敢な挑戦者だけが勝ち残る。

地元の展示会にせっせと出品しているのに頭角を現せないというアーティストは、一つ上の世界を目指そうというやる気や気骨に欠けるために、いつまでも同じところでくすぶっているのだ。

●セールスの谷

たいていのアイデアは、だれか（あなた）が売り込みを始めてこそ、魂が入る。お店や企業や消費者への売り込み、あるいは有権者への訴えなども同じことだ。ところが、セールスのプロを何人も集め、規模を大きくしていくと、やはり運命の谷が待ち受けている。だからどの分野でも、ライバルたちよりも先回りをして、やる気満々のセールス担当者を大勢そろえておけば、だんぜん有利になるだろう。

●スキルアップの谷

学校を巣立った時から、社会人としての生活が始まる。けれども、新しい何かを学んで技能を増やそう、さらに磨きをかけようとすると、えてして運命の谷に出合うものだ。

しかし、恐れてはいけない。たとえば、医者が専門性を高めようとして1年間じっくり努力すれば、以後の何十年にもわたってその果実が得られたりするのだから。

●リスクの谷

事業を始めた人は、どこかで資金繰りが厳しくなる。そのときどきの収入だけでは事業を運営できなくなることすらある。それでもなおオフィスを広げたり、新しい技術に投資したりすることは、リスクをともなう。

有望な起業家なら、運命の谷を這い上がるための投資（これは賢明な行動だ）とギャンブルに金をつぎ込むことの違いを、心得ているはずだ。

●人間関係の谷

人や企業から後になって大きな助けを得るためには、たとえ苦しくても、今の時点で時間や努力を傾けて、一緒に仕事をしておく必要があるだろう。

新入社員のころ、郵便物の仕分け作業をしながら、いつも率先して雑用を引き受けたり、まわりの人を手伝うために遅くまで残ってくれたりした女子社員が、ついに会社のトップに上りつめた。苦しい時に人間関係を大切に育《はぐく》んだからこそ、それが後になって花を咲かせたのだ。

相手の好意だけを熱心に求め、それが得られないと去っていく、そんな目先の利益しか追いかけない人たちは、けっして人間関係の谷を這い上がれないだろう。まわりに気を配るゆとりを持てず、まだあまり人脈を必要としていない時期にこそ、人間関係の種をまいておくことが大切なのだ。

●発想の谷

あなたが現在の地位まで進んでくる間には、いくつかのビジョンを抱いていた。ここからもう一段上のレベルに到達するには、それらの古いビジョンを捨て去り、新しい、よりスケールの大きなビジョンを設ける必要があるだろう。

これを文字通り実践したのが、組織や業界に新風を吹き込んだ人たちである。たとえば、公民権運動のリーダーだったキング牧師、ヴァージン・グループの創業者リチャード・ブランソン、慈善家のゼルマ・ワトソン・ジョージ、社会起業家のジャクリーン・ノヴォグラッツたちである。

彼らはみな、発想の谷を這い上がって、谷の向こう側にたどり着いたのだ。

●自我《エゴ》の谷

あなた一人だけだったら、ややこしいことは一つもない。

しかし、その一方で、何もかもを自分で決められる自由を捨てて組織の一員になると、それなりに別の影響力を手に入れることになる。けれど、それができないという人が多い。自分の思いのままに物事を動かす自由や、まわりから注目される立場をあきらめきれないのだ。だから自我の谷にはまって身動きが取れなくなる。

●流通の谷

近所の小さなショッピングセンターやネットショップでものを売るのは、それほど難しくない。ところが、ディスカウントチェーンの店頭に商品を置いてもらうには、それなりの投資が必要だから、儲けはあまり期待できないかもしれない。

最大手のスーパーマーケット、ウォルマートの店頭に並べてもらえれば、ネットショップよりもはるかに売上げが膨らむだろう。なぜなら、珍しい存在だからだ。ネットショップは誰でも開けるが、ウォルマートで商品を扱ってもらうのは、とてもハードルが高いのだ。

運命の谷をあらかじめ覚悟しておく

次に紹介するスペースシャトルについての分析からも分かるように、行き止まりと運命の谷を見分けるのは朝飯前のことだ。本当に難しいのは、見極めた後でどうするかということである。

行く手に運命の谷があるのに、それを這い上がる用意をまったくしないまま本格的なビジネスに無鉄砲に飛び込むのは、スペースシャトルを開発するのと同じくらい危険な賭けだといえる。

物事を楽観視するのは少しも悪いことではない。ただし、運命の谷にはまり込んで苦しい決断を迫られると、苦痛に襲われ、多くのものを無駄にしてしまう。

スペースシャトルの開発をなぜ中止しないのか?

スペースシャトルの開発は、運命の谷ではなくて行き止まりだ。

スペースシャトルに好意的な専門家たちの口からでさえ、「ぜひとも続けるべきです。時とともに、より安全に、より低コストに、そしてより生産性が高くなっていくでしょうから」などという言葉は聞かれない。

スペースシャトル計画がいまだに存在する理由はただ一つ、誰もこの計画を中止する勇気を持たないからだ。これ以上よくなる見込みのないものに、莫大なお金をつぎ込み続ける理由などないはずなのに。

それどころか、もしシャトル計画を中止にしたら、すぐにでも代わりを開発しなくてはならなくなる。宇宙へ旅する方法がなくなったら、スペースシャトルの代わりに、より新しい、より良い、より低コストの何かを発明せざるを得ないだろう。

なのに、どうして中止しないのだろう？　どうしてあきらめないのだろうか？

答えは決まっている。慣れ親しんだこと、波風を立てず痛みを生まないことに、いつまでもしがみついていたほうが楽だからだ。

アメリカ独立宣言の一節に、こんな警句がある。

「すべての経験が示しているように、慣れ親しんだやり方にしがみつくために、あらゆる害悪に耐えられるだけ耐えるというのが私たち人間の性《さが》というものだ」

行き止まりに出合ったら引き返す勇気を、あなたは持っているだろうか?

死の谷

ライバルが追いかけてきても振りきれるように、長々と続く深い谷をつくり出そう。これが、競争をするうえでの目標だ。

マイクロソフトもこれを実現している。多くの顧客や取引先と良好な関係を築き、世の中の標準となる技術や商品をいくつも生み出してきたから、ワードやエクセルの地位が脅かされるとは考えにくい――少なくとも、競争の土俵が変わるまでは。

とはいっても、インテュイット社のように、運命の谷を這い上がってきた企業もある。インテュイットの商品クイッケンは今や、ワープロの世界でのワードと同じような地位を、会計ソフトの分野で手にしている。

敵が張り巡らせたバリアを打ち破れば、しばらくは王様でいられる。

「ちょっと待った!」という声が上がる。

「グーグルも、ウェブベースの表計算ソフトやワープロソフトを引っさげて、マイクロソフトを猛烈に追い上げているはずだけど?」

そのとおり。

しかしながら、飛ぶ鳥を落とす勢いのグーグルですら、土俵をパソコンからウェブへと変えない限り、明るい展望はないと分かっている。マイクロソフトがつくり上げた運命の谷はあまりにも深く、その谷を這い上がって向こう側にたどり着くためには大きな犠牲がともなう。這い上がるのは不可能なのだ。ところがグーグルは、別の土俵を選んだことで、ずっと楽な道を歩いていくことを可能にした。

アップルコンピュータも、iTunesとiPodで同じことを成し遂げた。まずは新しい土俵で競争を仕掛け、王者タワーレコードを打ち負かした。その後も、有利な立場にあぐらをかくどころか、あらゆる戦略や顧客へのメリットを周到に用意し続けた。その結果、他のライバルにとっては、深く険しい運命の谷を這い上がってまでアップルを追いかけるのは、けた違いに困難なことになった。

同じような戦略は、職業についても使われている。

たとえば法律家の場合。司法試験のハードルは上がり続けているから、合格するのはとても難しい。運命の谷がどんどん険しくなっているので、すでに法律の仕事に従事している人たちは仕事がなくなる心配をせずにすむ。

大きなチャンス

「きっと、このあたりであきらめるだろう」などとライバルからあなどられたとしても、その見通しを裏切って運命の谷を這い上がることができたら、想像もしなかったほど素晴らしい結果が待っている。

運命の谷を這い上がれる人はごくごくわずか。だからこそ、大きな価値を持つ。

世界の頂点に立てば、一握りの人や組織やブランドと並んで華やかなスポットライトを浴び、莫大な収入、特権、尊敬などを手に入れられる。雑誌の表紙を飾るマッチョタイプの男性モデルは、他の男性たちが次々と脱落していくのを横目に、見事なまでに体を鍛え上げた。だからこそ、声がかかるのだ。

きっと、もうお分かりだと思う。

賢明なあなたは、「途中であきらめなかった人だけが、大きなご褒美をもらうのだ」と、これまでの人生で悟っただろう。それなのに、今のところはまだ、これといって代わり映えのしない人生を送っているのだ。

ならば、どうして私の話を聞く必要があるのか？

答えは簡単だ。

このストーリーは、あなた自身がその胸に刻みつけるべきものだからだ。

あなたは、「何かを投げ出すのは、意志が弱いからだ」と思って大人になった。何かを投げ出すなんて、バツが悪いし、自分に対しても後ろめたい気分だ。もちろん、ベストを尽くしてはいるけれど、どうしても思い通りにならない。まさに、冒頭で紹介したヴィンス・ロンバルディの言葉のとおり、もっと力があったら途中でやめたりはしないだろう。

私としてはむしろ、「やめる、やめない」の判断を、飛躍へのチャンスとして活かしてほしい。恥をかくのはいやだから失敗を避ける、などというのではない。あなたは、もっと大切なことに目覚められるはずだ。

あまり興味がなかったり得意でないことから手を引けば、あるいは、得意なことでも行き止まりにぶつかったら引き返せば、ゆとりが生まれる。そして、大切な運命の谷に集中して挑むために、時間や努力を傾けられる。

もしやめるなら、取りかかる前にやめたほうがいい。ワナにはまらないようにするのだ。「頂点には立てない」と思ったら、競争に加わるのはよそう。

平均点なら負けたも同じ

引き際をズバリ見極めるのは難しい。それにたいていの人は、途中で引く勇気がない。もっと悪いのは、運命の谷を目の前にしても引き返そうとしない場合だ。そのまま突き進むと、どっちつかずになるだけだ。

運命の谷を前にして、もっともありがちなのは、安全な道を選ぶという選択だろう。誰からも責められず、不名誉にもならないように、良くも悪くもない仕事をするのだ。運命の谷に出合うと、たいていの人はなんとか我慢して、人並みの成果を出そうとする。世界の頂点に立つ人がこれほど少ないのは、こうした背景があるからだ。

スーパースターになるには、人とは違う特別な何かをしなくてはならない。運命の谷をただ這い上がるだけではなく、それを跳躍台にして、かけがえのない何かを生み出すのだ。そうすれば、まわりの人たちは、手助けはできないまでも、仲間に口コミで広め、自分でもあなたやあなたの商品を選んでくれるだろう。

今度、何かをしていて「投げ出したい」という気持ちが湧き上がってきて、その時の成果が人並みだったら、「意味ある選択肢は二つに一つだ」と思い起こしてほしい。やめるか、とびきりの存在になるか、どちらかなのだと。

平均点なら負けたも同じだ。

厳しすぎる？　でも、十人並みで終わったら、せっかくのあなたの時間、努力、評判が、無駄になってしまわないだろうか？

「十人並みならいいじゃないか」と思うかもしれないが、それは違う。十人並みでは誰にも気づいてもらえない。これは最後の選択、いちばん楽な道のりだ。

「ごくごく普通でいい」というささやきに流されてしまうのも、ある意味、あきらめるのと同じ。それは避けたほうがいい。

あなたは、平均より上を目指せるはずなのだから。

運命の谷を這い上がり、頂点を極めよ！

途中でやめてばかりいるのは、ムダに行列を並び替えるのと同じ

私は何年もスーパーマーケットを観察してきた。そして、買い物客がレジで支払いをするときの作戦には、三つのパターンがあることに気づいた。

私の近所のスーパーマーケットも、あなたがよく行く店と同じだろう。たいていは、四つか五つくらいのレジがあるはずだ。注意深く買い物客の様子をうかがうと、三つの作戦が見えてくる。

作戦1．一番短い列に並び、テコでもそこから動かない。

作戦2．一番短い列に並び、もしレジの担当者が手こずっていたら、1回までなら別の列に移る。「お金が足りない」などという困った客がいるような場合だ。ただし、列を替わるのはあくまでも1回だけ。

作戦3．一番短い列に並ぶが、その後も、ほかの列の様子をせわしげにうかがい、

少しでも短い列を見つけたらそちらへ移る。何度も何度もそれを繰り返す。

三つめの作戦がどうしてまずいかは、あらためて説明するまでもないだろう。列を移るたびに、ゼロからの出直しになるからだ。安易な道を選ぼうとすると、まず間違いなく時間を無駄にする。そして、うろうろしてエネルギーを使い果たすのは目に見えている。

〝行列〟は、身のまわりのいたるところにある。「どうしても起業家になりたい」といって、6番目、いや12番目のビジネスに取り組んでいる人もいる。あれにもこれにも手を出すが、壁にぶつかるたびに、もっと楽でうまみの大きそうな別のチャンスに飛びつく。

そういう人は、しきりに夢を追い求めてはいるけれど、永遠につかみ取ることはできないだろう。

なぜかというと、いつも目移りばかりして、一つのものを真剣に追いかけないからだ。新しい何かを始めるのは、それだけでも心が躍るけれど、運命の谷を這い上がらないことには、始めた甲斐がないというものだ。

スタートは非の打ちどころがなかったのに、努力に見合った成果を上げるずっと手前でギブアップ。こういう起業家は数えきれない。ところが、ゼロから再出発を図ると、悲しいことに、それまでの冒険がどれほど壮大で、どれだけ長く続いたかなんて、少しも評価してもらえない。

この悪いクセが抜けないのは、起業家だけではない。代理店から代理店、メディアからメディアへと乗り換えてばかりいる広告主も、みすみす幸運を逃してしまう。成果を上げるために、人々に10回の感動を届ける必要があるとする場合、もし8回までいったところで方針を変えたら、たくさんの時間とお金をドブに捨てたも同然だ。

あきらめのいいセールスマン

誰が実施したのかは不明だが、よく引き合いに出されるある調査によれば、多くのセールスマンは、見込み客に5回ほど売り込みをして、それでもダメだと思った時点であきらめるという。その時点で、自分と見込み客、両方にとって時間の無駄だと思い、別の見込み客に当たり始める。

ところが、その調査によれば、顧客の80％は7度めの商談で買うことを決めるという。あの時、あきらめさえしなかったら！

「絶えずお客さまに働きかけなくてはいけない」「7はラッキーナンバーだ」「押しの強さがセールスの鍵を握る」……。本当だろうか？

私はそうは思わない。いつも目の前に現れては、「買いませんか」としきりに迫ってくるのが花形セールスマンだろうか？　私にはそうは思えない。

ここからは、こんな教訓が引き出せるように思う。

「事実を伝えるのではなく、気持ちを伝えるのが、セールスの仕事だ」

事実を伝えるだけなら、PDFファイル形式のチラシやウェブサイトだけで充分だろう。

見込み客（何かの売り込みを受けたことがあるなら、あなたも見込み客の一人だ）は、セールスマンの本心などすっかりお見通しだ。なにしろ、セールスマンの「本音探知機」を磨き上げてきたから、相手が誠実かどうかなどたちどころに見抜いてしまう。

「このお客さんが買ってくれないなら、別の客に売り込みをかけるまでさ」

こんなふうに心の中で思っていたのでは、「なんとしてもあなたに買ってほしい」という真剣さなど伝わるはずがない。

逆に、じっくり時間をかけて、相手のためになる商品を売ろうと力を尽くせば、その真心は痛いほど伝わるだろう。

これだけは理解してほしい。

運命の谷をただ這い上がるだけでは足りない。頂点を極めることができないかぎりは、挑戦はあきらめなくてはいけない。しかも、今すぐに。

訪問先の80％に対して、「とりあえず訪問してみよう」という程度の気持ちでいるなら、時間を無駄にするだけではすまない。残り20％を占める、とてつもない大口注文をしてくれるかもしれない顧客に、充分なエネルギーを傾けられなくなるのだ。

もう一度繰り返すが、粘り腰で運命の谷を這い上がろうとするのは正しい戦略だといえる。

とはいっても、顧客にしつこく迫れと言っているのではない。歯を食いしばって運命の谷を這い上がろうとすると、セールスマンは一日の時間の使い方をガラリと変える。だから、この戦略がお勧めなのだ。

大切なのは、道徳的に正しいかどうかではなく、戦略として正しいかどうかだ。

「あなたと一緒に運命の谷を這い上がるつもりです。それがあなたと私、両方にとって大切なことですから」という気持ちを相手に伝えられれば、いうことはないだろう。

運命の谷と向き合う

「この商品は世界で最高だ！」

あなたがそう信じていても、まわりの少数の人たちを除いては、誰も注目してくれない。

新しいアイデアをあちこちに懸命に売り込もうとしても、ほとんどの客は、あなたのアイデアにも、最高級のハイヒールにも、最新タイプの接着剤にも、興味を示さない。彼らはすぐには飛びつかずに、待っているのだ。売れ筋が決まり、太鼓判が押され、価格が安くなり、人気が沸騰するのを待っている。

これは、市場に受け入れてもらうための運命の谷だといえる。あきらめずに最後まで粘り抜いたマーケターが、ご褒美を手にする。運命の谷で歯をくいしばり、商品に輝きを与え、他社の商品とは違う、非の打ちどころのないレベルにまで仕上げる。

その間、ライバルたちはといえば、「手っ取り早くヒットする商品はないか？」と、よそ見ばかりしている。

ある出版社は、次々と新しい作家をデビューさせて、ベストセラーを促成栽培しようとする。別の出版社は、スティーヴン・キングや世界的な絵本作家であるドクター・スースをじっくり育て、じわじわと読者を増やしていく。

非営利団体（ＮＰＯ）の中にも、さまざまな案件のために、いくつもの助成金を申請するところがある。けれども、本当に成果を上げるＮＰＯは、一つのテーマを長く追い続けて実績を上げ、確かな地位を築くものだ。活動の範囲を絞り込み、資金が入ってくるまで、その上でじっと踏ん張るのだ。

接着剤のゴリラ・グルーは運命の谷を這い上がった。シューズ＆バッグのジミー・チュウや、おしゃれな腕時計スウォッチも同じだ。しかし、けっして一夜にして人気ブランドにのし上がったわけではない。一歩ずつ前に進んでいって、ある時、一気にブレイクしたのだ。

仕事を探す人たちも、運命の谷に突き当たる。企業の人事部がそう仕向けているからだ。人事部の人間が、「当社で働きませんか？」と言って家にまで来てくれるわけがない。履歴書を送らせる、スーツを着させる、クリーブランドまで面接に来させるなど、いろいろなハードルを設けて、熱意に欠ける応募者を振り落とす。

町の小さなドラッグストアでスカウトされて、女優への道を歩み始めた少女。大学の就職課にひょっこり顔を出したところ、人もうらやむ職を紹介された同級生……。

われわれは、この手のストーリーに憧れる。

TVの人気トークショー『オプラ』に一度出演しただけで、たちまちベストセラー作家の仲間入り。レコード会社にデモテープを送ったら、あれよあれよという間にメジャーなロックバンドに。

どれも、まるで夢のようにすべてがとんとん拍子に運び、心が浮き立ってくるようだ。新しい資金源やプロジェクトに飛びつくのはたやすい。ただ困ったことに、これは中毒《アディクト》になるし、熱気はすぐにしぼんでいく。「今日うまくいかなければ、明日も続けるのは無意味だろう」というわけだ。

ところが、真新しい商品に熱い視線を投げかけてくる客はごくわずかだ。たいていの人は、誰かが試して「これなら大丈夫」とお墨付きを与えてくれるのを待っている。世界のマイクロソフトも、最初のバージョンから次のバージョンへと、息をひそめながら着々と開発を進めていく。「バージョン3が世に出るころには、世界はバラ色に変わっているだろう」と信じながら。

そのマイクロソフトも、ウィンドウズで2度、ワードで4度、エクセルで3度つまずいている。マイクロソフトでは、「苦しいけれど頑張って運命の谷を進もう」という発想が、会社のすみずみにまで行きわたっている。戦術はそのときどきでシビアに変えるけれど、大本の狙いだけは絶対にあきらめない。

この市場で勝負するか？

商品も、特徴も、デザインも、いつかは変えるべきだ。変えなくてはいけない。力を蓄えて、今よりも大きく羽ばたき、自分たちにふさわしいビジネスに投資できるようになるためには、何度も「変える」必要がある。ただし、市場、戦略、自分だけの得意分野などから離れてしまってはいけない。

よくよく事情を知れば、「ビジネスが一夜にして大成功！」などという話は眉つばものだということが分かったと思う。たいていの人は、果実が熟すようにちょうどいい頃合いになってはじめて、その会社の存在に気づく。

プロクター・アンド・ギャンブル（P&G）は、何百もの商品をお払い箱にしてきた。スターバックスは、店内でのオリジナルCD作成サービスをとりやめた。社会保障の改革も、これまでに10回くらいは腰くだけになっている。

一つの戦術におぼれて、いつまでもしがみつくのはよそう。それよりも、「この市場で勝負するかどうか」を考え、その決心を貫き通すのだ。そして、いったん乗り込むと決めたら、運命の谷に出合っても、ひるまずに這い上がらなくてはいけない。

市場は頑張り抜く人を応援したいと思っている。真剣だ、力がみなぎっている、広く受け入れられている、頼りになる、といった印象を求めている。どこの市場でも、圧倒的に多くの人たちは「折り紙付きの商品を買いたい」と考えている。

運命の谷を耐え抜けば、商品を売るうえでも弾《はず》みがつく。右肩上がりで顧客を増やしていけるからだ。

商品やサービスが鳴かず飛ばずで、新しいもの好きのオタクにすら振り向いてもらえないというような場合は、自分でも行きづまりを感じて、戦術を貫けずにいるのだろう。大丈夫、その商品をあきらめても、あなたの戦略、つまり、市場でのよりどころは、ずっと生き続けるのだから。

「やめる」の反対は「手をこまねく」ではない

絶対に違う。

「やめる」の反対は、別のものに力を注ぐこと。

「やめる」の反対は、手づまりから抜け出すために、活きのいい戦略を新たに立てることだ。


運命の谷を、静かな場所だと思い違いをしてはいけない。「風のない静かな谷を、ボートに乗るようにゆっくり進んでいこう」などという受身の態勢ではいけない。

運命の谷は自由に形を変える。あなたが努力すれば、それに応えてくれる。あなたが手荒なまねをすると、まず間違いなく、谷はいっそう深く険しくなっていく。そうかと思うと、なだらかになることもある。

ならば、運命の谷をなだらかにしてみせようではないか。

苦しくて苦しくて、途中で投げ出したいような時は、「もう何も失うものはない」という気持ちになっているはずだ。失うもののない人は凄《すさ》まじいパワーを秘めているから、いちかばちかの勝負に出ることができる――権力に挑戦したり、未知の分野に挑んだり。目の前の課題に飛び込んで、押しの一手で突き進むこともできる。

デーヴィッドは、今の会社に長く勤めているが、行き止まりにぶつかったように感じて、会社をやめようと思っている。上司とそりが合わないうえ、仕事の内容は自分のキャリアになるわけでも、プラスになるわけでもない。

不満だらけのデーヴィッドは、「当たって砕けろ！」という気分になった。上司と、そのまた上司との三人でミーティングをするという禁じ手を持ち出して、穏やかに自分の悩みを打ち明けた。そして、「やめると決めましたが、会社にはとても愛着があるので、一つ提案をさせてください」と切り出し、自分のアイデアを伝えた。

会議室から出てきた時、デーヴィッドは一足飛びの昇進を果たし、新しい課題と新しい上司を与えられていた。

もし、つらい境遇に目をつぶり、目先のことにクヨクヨしていたら。

もしあの日、会社をやめる心づもりをしていなかったら……。

デーヴィッドはハッタリをかけたわけではない。やめるか、新しい仕事に全力でぶつかるか、どちらかにしようと本気で考えていた。そして、「新しい仕事を与えられたら、もう一度、会社のために尽くして、大きなことを成し遂げてみせる」と心に誓っていたのだ。

いったん運命の谷に入ったら、あきらめないほうがいい

何かをあきらめるとき、われわれはたいてい、目先の利益に気を取られているものだ。「苦しいなら、楽になる道を選ぼう」というわけだ。

ジョー・バイデン上院議員は、1988年のアメリカ大統領選挙に出馬しながら、立候補をとりやめた。原因は、出典をはっきり示さないまま、他の人の言葉を演説に引用したことだった。今から振り返れば、驚くほどささいなミスだったが、その当時は凄まじい風当たりだった。だからバイデンとその助言者たちは、これはもう八方ふさがりだと判断して立候補をとりやめたのである。

あれから19年。バイデンはまたも、立候補の意志をほのめかしているようだ。何ということだ……。もし彼が1988年に、「何も失うものはない」と開き直っていたら、選挙戦を巡る世論の風向きを180度変えていたかもしれない。粘りに粘って運命の谷をなだらかにしていたら、他の候補者たちを引き離してもいただろう。

子どもがサッカーや空手を「やめた！」と投げ出す時は、遠い将来への影響など考えていない。コーチに怒鳴られてばかりでおもしろくないと、それだけで「やめたほうがマシだ！」となる。

たいていの人は、将来の果実よりも、目先の苦しみに大きく気持ちが左右される。だからこそ、あきらめずに頑張り通すには、将来の果実を大きくすることが大切になるのだ。


運命の谷を這い上がった向こう側にはどんな世界が開けているか、思い描かなくてはいけない。セールスの達人になった自分をはっきりとイメージできれば、お客に冷たくあしらわれてもへこたれずにいられる。晴れの卒業式を思い描けば、うんざりするような授業であっても少しは心が軽くなるだろう。

記録を付けると、いっそう効果てきめんだ。サイトのアクセス数ランキング、授業の人気度、市場シェア、セールスチーム内の売上順位……。これらをこまめに確認しておくと、現在、ナンバーワンの座にどれだけ迫っているかが分かり、「目の前の厄介ごとを片付けよう」という張り合いが生まれてくる。

ボストンマラソンを40キロ過ぎで棄権する人はいない

マラソンにおける運命の谷は、ゴール直前にあるわけではない。だいたいスタート地点から40キロを過ぎたあたりだろう。

ここを乗りきり、スタジアムの観衆が目に入ったら、ゴールに向けて勢いがつく。ゴールが目前に見えてきたら、誰も棄権などしないはずだ。

根気強い人は、暗いトンネルの先に見える光を、はっきりと思い描くことができる。これは根気強くなければできないことだ。

では、どこまでも暗闇が続いていたら？　現実を見つめる賢明な人間なら、ありもしない光を想像したりはしない。

大都市の新聞社で働いていれば、「自分の職業のトンネルの先には光なんてない」ということが分かっているはずだ。部数は減っていく一方だし、これからも減り方はいっそう激しくなるだろう。昔ながらの紙の新聞をオンライン版に移し換えたとしても、たいていの新聞社にとっては大きなチャンスはなさそうだ。こうして、新聞社は軒並み、日ごとにじわじわと苦しくなっていく。

今日、明日……と今の会社に居続けるのは、望ましい作戦とはいえない。なぜなら、日ごとに上がっていくのは、あまり役に立たない仕事の腕ばかりだからだ。そして、もっと役に立つ何かを学び取っている人たちに遅れをとっていく。

なぜ今の会社にとどまっているかというと、やめようとするとしばらくの間はまわりとの軋轢《あつれき》があるからだ。反対に、成功を手に入れる人は、「今、この痛みに耐えることができれば、将来のもっと大きな痛みを避けられる」と心得ている。

同じことは、組織の舵取りにも当てはまる。「やめるか、やめないか」の判断は簡単につけられる。「今の痛みに耐えてトンネルを抜け、その先に降り注ぐ光を浴びるのは、価値あることだろうか?」と考えてみればいい。

No.1になれそうもなければ、今すぐ、やめたほうがいい！

やめることは恥じゃない！

やめる！

時には、やめるのも悪くない。

いや、本当のところ、やめてばかりいてもかまわない。

行き止まりに出合ったら、引き返すべきだ。絶壁に出合った場合も、引き返すべきだ。運命の谷の向こう側にあるご褒美が大したものでなければ、やはり引き返したほうがいい。

本命のプロジェクトをやり遂げるためには、出口の見えないプロジェクトを中止することが必要だ。両方のプロジェクトで世界の頂点に立つには、時間も、情熱も、人材も、資金も、足りないのだから。

戦術を捨てるVS戦略を捨てる

極端すぎる？　分かっている。

それでも私は、「やめる」ことをみんなに勧める。それどころか、「何度でもやめてかまわない」と言いたい。

長い視点に立った戦略は、仕事、収入、人間関係、セールスなど、いかなるものでも捨ててはいけない。しかし、戦術は、効き目がないようなら捨ててしまってもかまわないのだ。

行き止まりで引き返しても、それはあなたの意志が弱いということではない。むしろ、利口なやり方なのだ。遠くから絶壁を見通すのは、意気地なしの証拠などではない。それどころか、たしかな知恵と勇気を持っている証《あかし》だろう。

引き返すことで、運命の谷に挑むためのエネルギーを蓄えられるのだから。

心の中の雑音

私の千里眼によると、あなたは今、心の中で一所懸命、「これでいいんだ」と自分に言い聞かせているはずだ。出口のない行き止まりの前に立っているのに、「これは行き止まりではない。出口はきっとあるはずだ」と思い込もうとしている。

会社での仕事がひどく月並みなものでも、しきりに「大切な仕事だ」と納得しようとしている。今の状況では、それより他に仕方ないからだ。

あなたは引き返したくないと思っている。引き返すのは楽しくもなければ、簡単でもない。だから、そこにとどまっている。

しかし、引き返すべきだ。引き返さなくてはいけない！　さもないと、ごくごく平凡なままの状況に甘んじることになる。

賢くやめる戦略を立てよう

インディアナ州のソフトウェア会社で働くダグを紹介しよう。

彼は、今の会社に入って14年目。これまでにさまざまな仕事を任され、つい最近も昇進したばかりだ。

入社してから7、8年は、事業開発とセールスの分野に身を置いていた。しばらくの間、マイクロソフトを担当していたこともある。その時は、6週間おきにワシントン州レッドモンドへ飛んだ。家族にはさびしい思いをさせたが、一途《いちず》に仕事に励み、大きな成果を上げた。

2年前には事業部のトップへ大抜擢された。150人もの部下がいる、会社で二番目に大きな事業部だ。ダグは新しい役割に大きなやりがいを感じた。それまで以上にあちらこちらを飛び回る時間が増えたほか、事業部の中の問題もうまく解決した。

そして今から1カ月前。ダグはいくつもの理由により、異動になった。

横すべりの人事だが、今度はアナリストチームを部下に持ち、「他社とどう戦略的に手を組むか」というテーマと取り組むことになった。ここでもダグはまわりから尊敬され、あらゆる仕事をこなし、恵まれた報酬を得ている。

あなたがダグと会ったら、きっとこんな言葉をかけるだろう。

「同じところに長くいるんだね」

ダグは反論する。

「たしかに、今の会社には14年もいる。だけど、これまでに七つの仕事をしてきたんだ。ぼくが入社した時は会社もよちよち歩きだったのに、今やシスコシステムズに吸収されて、その中の事業部になっている。いろいろと新しいことに挑戦できるし、通勤も楽しんでいる……」

もういい、分かったよ、ダグ。

ダグは会社を変わる必要がある。理由は簡単。すっかり型にはまってしまっているのだ。

ダグとはどういう人か、何ができるか、会社の誰もが決まりきったイメージで眺めている。「新人のころからたたき上げて、ピカピカの肩書きを手に入れた」というエピソードは、われわれの心をくすぐる。

だが、ダグの出世も頭打ちだろう。腕試しをされたり、ギリギリまで追いつめられたりすることもない。社長の椅子に座ることもない。たとえどれほど成果を上げていても、ダグの進歩はすでに止まっている。少なくとも、キーパーソンたちの目にはそう映っている。

もし今の会社をやめ、他の会社に移ったら、新しい自分を発見できる。移った先の会社では、10年前の若いころのダグを覚えている人などいないだろう。みんな、色メガネなしにダグと接してくれる。これまでの経験などにとらわれず、無限の可能性を秘めた人材として見てくれるのだ。

われわれの両親や祖父母は、「一つの会社に5年、10年、いや、定年まで勤め続けるべきだ」と考えていた。しかし、企業の浮き沈みが激しく、ゼロから起業して大企業にまでのし上がったと思ったら、ものの数年で消えていく、という今の世の中では、ずっと一つの会社にとどまるのは現実的ではない。

私はダグにこう言った。

「必要に迫られる前に、新しい仕事を探したほうがいい。現状に満足してしまう前に、仕事を変わるべきだよ。さあ、別の働き口を探そう。自分を新しい世界に駆り立てるんだ。今よりも高い給料と地位を手に入れよう。きみのキャリアや技能がかかっているんだ」

もしあなたが仕事のうえで行き止まりにぶつかっているなら、方向を変えるか、自分のキャリアはここで「上がり」だという事実を受け入れるか、どちらかしかない。

やめるのは失敗とは違う

「やめる」という戦略を取るかどうかは、いろいろな選択肢をもとに慎重に決めるべきことだ。ほかの選択肢と比べてみたうえで今の状況を行き止まりだと感じたら、やめるのは理屈に合っているばかりか、むしろ賢い選択といえるだろう。

逆に、「失敗」は、夢をつかみそこねたときに使う言葉だ。

今、歩いている道を進むのはあきらめたけれど、他の選択肢もない。何かを始めてもすぐにやめてばかりだから、時間も努力もお金も使い果たしてしまった……というように。

失敗を恐れて現状を変えないことはたやすい。

一方、引き際を鮮やかに見極めれば、失敗を避けるのに大いに役立つ。

我慢するのは下手なやり方

我慢するのは、泥沼の中を這いずりまわるようなものだ。自分に合わない仕事や厄介な任務を耐え忍ぶのだから。

困ったことに、これではけっして抜きん出た成果は上げられない。仕事ぶりがいまーつでも、たいていは能力が足りないわけではなく、原因は行き止まりにある場合が多い。我慢していると、時間ばかりが無意味に過ぎていき、間違った方向にエネルギーを費やしてしまう。

耐える以外によい方法がないなら、「やめる」と決めたほうがいい。

我慢するくらいなら、やめたほうがいい。

やめれば、泥沼から解き放たれて、他の分野で輝くための備えができるからだ。

「けっして途中でやめてはいけない」

このアドバイスは的はずれもいいところだ。「下品だけどおもしろいジョークじゃない？　先生に教えてあげよう！」といい勝負だろう。

けっしてやめてはいけないだって？

オネショもやめてはいけないの？　高校生が「バーガーキングでのアルバイトをやめる」と言ってもだめ？　流行遅れの商品を販売中止にするのは悪いこと？

ちょっと待って。アメフトの監督だって「やめてはいけない」と言っていたよ。

そのとおり。

目先のことに気を取られてやめるのは賢いとはいえないけれど、先々まで考えたうえでやめるなら、それは優れた戦略といえるだろう。

アドバイスをくれた人は、本当はこう言いたかったのだと思う。

「長い目で見て大きな可能性があるなら、今のつらさに耐えかねて、ここであきらめてしまってはいけない」

これなら的を射たアドバイスだ。

きれいな引き際を妨げるプライド

リチャード・ニクソン元大統領は、ベトナム戦争からの撤退を拒み、何の罪もない大勢のアメリカ人やベトナム人の命を奪った。なぜもっと早く戦争をやめる決断をしなかったかというと、プライドが邪魔したからだ。

「仕事がおもしろくない、少しも心ひかれるものがない」と思いながら何年も同じ仕事にとどまるのも、プライドがあるから。どう見ても客が増えそうもないのにレストランの営業を続けるのも、やはり同じ。

行く手がふさがっているのに、引き返さないのはなぜだろう。プライドが許さないのだろうか？

先の見えないプロジェクトから手を引くと、それはそれは爽快な気分になれる。プライドが傷ついても、じつは大したことではない、と悟ることができるからだ。勇気をふるい起こして「やめる」と決め、プライドがこなごなに打ち砕かれるのを覚悟していたのに、実際にやめてしまえば何ということはない、平然としていられるのだ。

這い上がるべき運命の谷がないのにプライドのせいでやめられずにいるとしたら、それは、すぐに忘れてしまうようなもののために、途方もない時間やお金を無駄にしている可能性が大きいということだ。

医者への道だって捨てていい

ベストセラー作家のマイケル・クライトンは、超一流の医師への道を、あと一歩のところで捨てた。

クライトンは、ハーバード大学の医学大学院《メディカルスクール》を卒業し、博士号を取った後、ソーク生物学研究所に勤務していた。彼は医師として、また研究者として、高収入のキャリアが約束されていた。ところがそれを捨て、作家という先の予測がつきにくい職業を選んだのだ。

クライトンは、手術にはあまり気がのらなかった。そのうえ、医師としてたとえどれほど成功したとしても、そのような将来には魅力を感じなかった。

彼はハーバード大学で医学を学び、研究のための奨学金も得ていた。つまり、すでに運命の谷を這い上がっていたのだ。でも、だからといって、プライドを守るためだけに楽しいと思えない仕事をしながら残りの人生を過ごす理由はなかった。

クライトンは、それまでの人生にきっぱりとピリオドを打ち、新しい人生を歩み始めた。

あなただって、彼と同じように、進路を変えられるのではないだろうか。

引き際を見極めろ！

引き返す前に確かめておくべき三つのこと

「やめようか、どうしようか」と考えているなら、あなたは一歩前に進んだといえる（そして私もだ）。「やめるという選択肢には、じっくり考えるだけの価値がある」と気づくことが、世界の頂点に立つための最初のステップといえるのだ。

次のステップでは、三つの問いを自分に投げかけてみよう。

●自分への問いかけ1　パニックに陥っていないか？

やめるのは、パニックに陥るのとは違う。パニックは予想がつかない。ふいにわれわれを襲い、一瞬にして呑み込んでしまうのだ。

パニックのあまり何かを投げ出すのは、危険だし失うものも多い。前にも書いたように、引き際の鮮やかな人たちは、引くべきタイミングをあらかじめ決めている。引くのはいつでもできるから、パニックが収まってからあらためて身の振り方を決めたって遅くはない。

譲歩、あきらめ、決着などを強く迫られている時は、「やめたい」という気持ちをできるかぎり抑えなくてはいけない。そういう時に「やめる！」と決める人は多いが、大切な決断を下すには最悪のタイミングだ。

運命の谷のただ中で前進をあきらめる人は少なくない。なぜなら、コンパスもプランも持ち合わせていない時には、やめるのが一番簡単だからだ。たしかに一番簡単かもしれないが、成功には一番縁遠いやり方である。

●自分への問いかけ２　誰に働きかけようとしているのか？

あなたは市場での成功を目指しているのだろうか？　仕事を探しているのだろうか？　それとも、筋肉を鍛えているのだろうか？

「やめようかどうしようか」と迷っているなら、今取り組んでいることが、きっとうまくいっていないのだろう。

見込み客のもとを10回も訪れたのに、相手は取り付く島もない。だから、イライラがつのり、「もうやめようか？」と考えている。上司がカンシャクを起こしてばかりだから、今の仕事をやめたい。自分がマーケティングした商品が売れそうな気配がいっこうにないから、そろそろ見切りをつけて別の商品を売り出そうかどうか、迷っている……。

働きかけようとする相手が一人なら、粘るにも限度がある。自分の思い入れをあまりに強烈にアピールしても、煙たがられるだけだろう。今まで相手の心を動かせずにいるなら、そろそろあきらめる潮時かもしれない。

一人の人、あるいは一つの組織の思いは、大勢が集まった市場全体の思いとは違う。個人には、その人ならではの心づもりがあるし、世界の見方も一つだ。あなたが成功するためには、相手の決心を変える必要がある。しかしながら、人の心を変えるのは不可能に近い。

ところが、市場に働きかけようとするなら、事情は違ってくる。

たしかに、市場の中でも何人かは、あなたに目を向けたかもしれないし、逆に、背を向けた人もいるかもしれない。けれども、ほとんどの人はあなたの名前を聞いたこともないだろう。市場はいくつもの思いから成り立っている。求めるものは、人それぞれ違うのだ。

グーグルの共同創業者サーゲイ・ブリンは、こう語っている。

「『自分たちの努力により、グーグルは日ごとに進歩していくはずだ』『遅かれ早かれ、誰もがこのサービスを試してくれるだろう』。こう私たちは確信していました。ですから、お客さまのご利用が後になればなるほど、技術が進歩して、より良い印象を持っていただけるだろうと思っていました。『なんとしても今日、使ってほしい』などと急いだりはしません。明日使っていただくほうが望ましいのです」

一人の人の心を動かすのは、壁をよじ登るようなもの。はじめの何回かで成功すればこちらのものだが、そうでなければ、1回ごとに壁は高くなっていく。

これとは反対に、市場に影響をおよぼすのは、壁ではなく丘を上っていくのに近い。一歩ずつ前進でき、高く上っていくにしたがって楽になる。市場では、人々が意見を交わし、互いに影響をおよぼし合う。このため、こちらが一歩進むごとに、より大きな効果が期待できるのだ。

●自分への問いかけ3　目に見える進歩があるだろうか？

仕事、人間関係、課題などにうまく対処しようと努力している時、あなたは進歩している、遅れを取っている、足踏みしている、のいずれかの状態が考えられる。可能性としてはこの三つしかない。

成功するには、つまりトンネルを抜けて光を浴びるためには、たとえどんなにわずかでも前に進まなくてはいけない。ところが実際に多いのは、引き返すのがつらいあまり、今の場所で身動きが取れなくなってしまうことだ。引き返すつらさを避けるために、つい安易な道を選んでしまう。

前に進むわけでもないのにやめずにいるのは、無駄だろう。なぜなら、その時間を使って、より良い、より楽しい何かに挑戦するチャンスが失われるからだ。

目に見える進歩といっても、昇給や昇進である必要はない。もう少し漠然《ばくぜん》としたものだってかまわない。ただし、単なるかけ声や、「生き残れば、成功したのと同じ」などという絵空事《えそらごと》ではまずい。これまで見過ごしてきた重要な出来事に目を向けることが、大切になってくる。

あなたが小さな事業をやっていて、細々とでもお客に喜びを届けているのなら、今のまま続けていけばいい。というのも、そのうちに今のお客が新しいお客を連れてきてくれるからだ。お客からの紹介件数や売上げの伸びを通して、進歩を確かめられる。市場でずっと同じように事業を続けているだけで、努力が報われることだってある。

ところが、口コミが広まらない、新しいお客がつかない、事業が前進していない、というのなら、はたして続ける意味はあるだろうか？

市場全体の心をつかもうとしているなら、やめずに続けることの価値はとても大きい。とはいえ、元の取れないマーケティング戦略などはぜひやめるべきだろう。製品の機能のうち、お客から評価を受けないものは、提供することを中止していいかもしれない。

ただし、市場への関わり度合いが疑われることがあってはいけない。手っ取り早く成功できそうな市場を求めてあちらこちらをさ迷うよりも、一つの市場に根を下ろしたほうが、はるかに簡単でお金もかからない。

ここで落ち着いて、少しの間考えてみよう。

仕事をやめたからといって、生計を立てるのをあきらめるわけではない。世の中に影響をおよぼしたり、変えたりするのを、あきらめるわけでもない。

仕事をやめるのは、あきらめることを意味するとは限らない。仕事はあくまでも、自分が本当に望むものをつかみ取るための、一つの手立てである。

仕事で行き止まりにぶつかったら、すぐにそこから引き返して、もっと大きな市場を追い求めるべきだろう。先延ばしにすると、ゴールが日一日と遠ざかってしまう。

同じことは組織についてもいえる。組織の価値は、どのような手立てや戦術を使っているかで決まるわけではない。むしろ、成功と失敗を分けるのは、大きなゴールにたどり着けるかどうかだ。今の戦術では行き止まりにぶつかってしまい、運命の谷を這い上がれないようなら、戦術を切り替えなくてはならない。その一方で、「大きなゴールを目指そう」という誓いは新たにする必要がある。

「あきらめないほうがいい」という甘い誘いや、最後まで粘り抜いたエピソードの数々は、必ずといっていいほど、同じ戦術でひたすら進んでいくタイプの人間を出どころとしている。

けれども、30もの出版社から袖にされた後、本の刊行にこぎつけた著者や、10年間もコーヒーショップで働いた後、一夜にしてスターになった女性などのストーリーは、途中で戦術を変えても粘りは活きるのだと教えてくれる。

では逆に、仕事、人間関係、セールスなどで行き止まりにぶつかっていたのに、ある日突然、相手から「これだけ粘っていらっしゃるなんて尊敬します。お互いにとってプラスになる関係を築きましょう」と声がかかった、などという話を聞いたおぼえがあるだろうか？

そんなことは、ありはしない。

心構えをしよう

あなたに課題を一つ出そう。
まず、紙と鉛筆を用意してほしい。
いつ、どのような状況になったらあきらめるつもりか、紙に書いてみよう。
そして、今、書いた内容をぜひ守ってほしいのだ。

引き際をあらかじめ決めておく

ここで、ふつうのマラソンよりもはるかに長い距離を走るウルトラマラソンの選手、ディック・コリンズの言葉をご紹介したい。

「レースの前に、どういうコンディションになったら走るのをやめ、棄権するかを考えておこう。走り出してから、『脚が痛い』『少し脱水してきた』『眠い』『疲れた』『寒いし、風も出てきた』などと思い悩み、棄権を考え始めるのは楽しいものではない。そのときどきの気分をもとに決めたのでは、判断を誤るおそれが大きい」

ここから、一つ目の教訓が導き出せる。

やめるという作戦をもとに市場で賢い選択をするためには、歯車が狂い始める前に、やめるための作戦を立てておくべきだ。

腕利きのベンチャー・キャピタリストは、「資金が底をついた場合の対策を立てておくように」と取締役会に強く要請する。これと同じように、やめるという作戦をうまく活かそうとするなら、個人、組織ともに、引き際をあらかじめ決めておくべきだろう。


運命の谷を前にして引き返すのは、よい考えではない。

行き止まりを前にして引き返すのは、賢明な考えである。


困ったことに、苦痛やいらだちを感じたり、身動きが取れなくなったりすると、誰もが大きな視点から物事を考えられなくなる。

だからこそ、あらかじめやめる潮時を決めておくことが、とても重要なのだ。

突き進むべき方向を見定めよ！

どの分野を目指すべきか？

自転車のタイヤを考えてみよう。

すっかり空気の抜けたタイヤは、空気入れを10回押したくらいでは少しも膨らまない。ところが、膨らみきったタイヤに対して、さらに10回余計に押すと、パンクしてしまって何もかもがふいになる。本当に報われるのは、タイヤをパンパンに膨らませるための最後の10押しだ。

5押し、10押しが足りないと、タイヤはややつぶれた状態だ。圧力が10％でも不足すると、性能を充分に発揮できないおそれがある。逆に5押し、10押しオーバーすると、今度は車輪全体がはずれて破損しかねない。当然ながら、タイヤがちょうどよく膨らむように空気を入れることが、何よりも大切になる。

自分の能力、時間、資金などをかえりみずに、巨大すぎる、あるいは騒がしすぎる市場に挑むと、あなたのメッセージはかき消されて顧客のもとに届かない。マーケティングは消え入りそうなほど影が薄いものとなり、メッセージがうまく広まっていかない。

チューインガムの大量市場《マスマーケット》向けブランドを売り出したいなら、その前に2度は考え直すように勧めたい。空気の抜けたタイヤにほんのわずかな空気しか入れないのと同じで、巨大な市場で商品を売り出しても大海の一滴にしかならない。圧力を生み出せず、運命の谷までもけっしてたどり着けないだろう。

消費財メーカーのサラ・リーは、センセオというブランドを引っさげてアメリカで家庭向けのコーヒーメーカーやコーヒーを発売したが、ヒト、モノ、カネなどが不足していたため、運命の谷を這い上がることができなかった。

ところが、アメリカよりもはるかに小さなオランダの市場では、センセオはなんと全家庭の40％で使われている。この小さな市場をタイヤにたとえると、センセオはそこに充分な圧力を加えることができたのだ。

それにひきかえアメリカでは、センセオを使っている家庭は全体のわずか1％だという。大きすぎる市場と少なすぎるヒト、モノ、カネ。だから運命の谷で立ち往生したのだ。

アメリカでは顧客があまりにも少ないため、センセオはほとんど話題に上らない。小売店もセンセオの商品を熱心に売ろうとはしない。口コミは広まらず、影響力をおよぼせるだけの数が普及しない。メッセージを届けるべき相手はとてつもなく多いのに、そのための手立てが整えられない。

まずは、自分がどれだけの圧力を生み出せそうかを見極めて、それからタイヤを選ぼう。タイヤは、大きすぎても小さすぎてもいけない。

あなたはすごい！

あなたとあなたの組織は、何もかも変えるだけの力を持っている。素晴らしい商品やサービスを生み出し、充分すぎるほどの成果を上げ、世界の頂点に立つ力を持っている。

それだけの力を、広く薄く分散させて無駄にするなんて、あまりにもったいない。数多くの課題に対処しなくてはならず、すべてをこなすために時計の針と競争しているからといって、「そこそこ」の出来で満足するなんて、あまりにもったいない。

ここでの教訓はいたってシンプルだ。たくさんの能力や時間やお金があるなら、それを活かすことである――世界の頂点に立つために。世の中のルールを変えて、他のみんなに挑戦状を突きつけるために。

それを成し遂げるには、自分の能力、時間、資金などすべてを、一番手ごわい運命の谷を這い上がるために使うのが、ただ一つの方法だ。

そのような谷を這い上がるには、他のすべてから手を引く必要があるだろう。世界を揺り動かすことができないなら、その分野からは今すぐ手を引くべきだ。手を引いて、ゆとりができたら、大切な運命の谷を征服するためのエネルギーを探り出そう。

さあ、立ち上がって、何かを成し遂げよう！

みんなあなたに期待しているのだ！

締めくくりの問い

目の前にあるのは、運命の谷、絶壁、行き止まりのうち、どれだろう？

行き止まりだとしたら、どうすればそれを運命の谷に変えられるだろう？

突き進むべき方向を見定めよ！

粘り抜けば、いつかは報われるのだろうか？

自分は今、一人の人（一つの組織）と関わっているだろうか、それともこの状況での自分の行動は、市場のすみずみに波紋を広げるだろうか？

いつの時点でやめるべきか？　これは今、決めておかなくてはいけない。一度歩き出して、もう一人の自分が「お願いだから、もうやめよう」と泣きごとを言ってからでは遅い。

今、これをやめたら、もっと大切な運命の谷を這い上がるための力が増すだろうか？

どちらにしてもやめるなら、その代わりに、形勢をガラリと変えるための何か思い切ったことはできないだろうか？

ＩＢＭに本気で売り込みをかけるべきだろうか？

人気トークショーの『オプラ』に出演できるよう、手を尽くすべきだろうか？

このプロジェクトには、世界の頂点に立つためのどんなチャンスがあるだろうか？

「最高」かどうかを決めるのは誰だろう？

「世界」を縮めることはできるだろうか？

ウェブ上の広告サイトで求人を行なっている企業に、とりあえず片っぱしから履歴書を送るのは、意味があるだろうか？

今の仕事が好きだとしても、そろそろやめ時ではないだろうか？

やめるプランを立てて何か素晴らしいことに挑戦するよりも、何もせずにいたほうがいいだろうか？

どっちつかずの道を選ぼうとして、素晴らしい選択肢を避けてはいないだろうか？

少し怖いぐらいのことを、思い切ってやってみるといい。

市場リーダーを目指すなら、
どれほど努力しても、
努力しすぎることはないだろう。

成功はどれも同じ。失敗もまた、どれも同じ。

たぐいまれな何かを成し遂げると、成功できる。
あきらめが早すぎると、失敗する。
それぞれの世界で頂点に立てば、われわれは「成功した」と胸を張れる。
本筋とは違うことに気を取られ、やめるにやめられないでいると、失敗する。

おれの言葉

これはとても薄い本だ。
薄い本を書くのは難しいのだけれど、みなさんの声が私の背中を押してくれた。
読者のみなさんは、素晴らしい意見や感想を寄せてくれる。
そのおかげで私は、書きたい中身を短くまとめる術《すべ》を学ぶことができた。

解説

自然のリズムを感じ始めると、ビジネスも人生もうまくいく！

神田昌典

この本は、お買い得だ。原書は本文76ページという非常に薄い本ながら、300ページのビジネス書、自己啓発書を100冊読んでも得られない、本質的な知恵について掘り下げられている。今まで誰も語ろうとしなかった知恵――それをひと言で表現すれば、「出口」の見いだし方ということになろう。

ビジネスの始まりは誰もが喝采するが、終わりは独りで幕を閉じる。同様に、恋愛の始まりは誰もが語りたがるが、終わりは誰もが口を閉ざす。このように「入口」は飾り立てられているが、「出口」はひっそりとしたものだ。しかし著者によれば、その誰もが注目しない「出口」にこそ、成功の秘訣があるという。

このような一見、非常識にみえる発想を、セス・ゴーディンは常に与え続けてくれる。彼は、『パーミションマーケティング』、『バイラルマーケティング』と、マーケティング・トレンドの節目になるベストセラー本を連発してきたが、それらのビジネス書がビジネス関係者のみならず広く一般読者に読まれたのは、彼のマーケティングの見方が深く人間の本質に触れていたからである。

ビジネスの真実を見つめる本は、人生の真実をも見つめている。本書『ダメなら、さっさとやめなさい！』についても、ゴーディンの洞察力をビジネスの範疇《はんちゅう》だけに押し込めておくことは難しい。その証拠に、あなたが本書の最終ページを閉じた時には、ビジネス書を読んだというよりも、経験を積んだ人生の先輩から、一生こころに残る話を聞いたという印象を持つに違いない。

ゴーディンの主張は、非常にクリアだ。成功するために、大事なことが二つあるという。

1.「運命の谷」を這い上がること

2.「行き止まり」に迷い込んだら、引き返すこと

これほど単純でありながら、ほとんどの人は、その二つの区別をできないために、「けっして、あきらめてはいけない」という標語を信じ、どんなに頑張っても報われない分野にエネルギーを注ぎ続ける。その結果、本来、自分が世界ナンバーワンになる才能を持っている分野に、時間とお金を費やすことがないというのだ。ゴーディンの主張によれば……

やめる人が、成功する！

ちょっと突飛に思える意見だが、じつは、私も、10年にわたる経営コンサルタントとしての経験から発見したのは、まったく同じ法則だった。そして「やめるタイミング」をどう見極めたらいいのかについて〈春夏秋冬理論〉というコンセプトをつくり、

5年ほど前から発表してきた[※]。

ゴーディンは「やめるタイミング」について、53ページに掲げている7項目でチェックするようにアドバイスしている。私の「やめるタイミング」についての考え方（＝〈春夏秋冬理論〉）は、セス・ゴーディンの主張と関連し、またそれを補完するものである。おそらく読者は、私の〈春夏秋冬理論〉を理解すると、「やめるタイミング」について、より直感的に見極められ、ビジネスだけではなく、人生のさまざまな選択をスムーズに行なえるようになることだろう。そこで少しページをいただき、「やめるタイミング」をどのように見極めていったらいいか、付加的な説明を加えておこう。

やめることは、究極の成功法則か？

私が、やめることの重要性を感じ取ったのは、経営コンサルタントとして、経営者からの相談を年間2000件ほどこなしていた時のことである。

毎日10人以上の経営者と話してきた過程で分かったことは、「うまくいく経営者は、誰も予想しえないタイミングで事業から撤退してしまう」という事実だった。「やめなければいいのに……」とほとんどの人が止めるなか、優秀な経営者は野生的な勘で、やめることを決断する。

例えば、株式会社ソフトブレーンの創業者・宋文洲氏は、土木解析ソフトの販売で起業したが、2000年、東証マザーズに上場後ほどなく、その事業から撤退。当時、誰も手がけたことがなかった営業プロセス改善のソフトウェアに企業戦略の主軸を移した。将来性があるかどうか分からない事業領域に、会社の未来を託したのであるから、株主からのプレッシャーは相当なものであったに違いない。だが、宋氏の決断は見事に実を結び、ソフトブレーン社は株式公開後も急成長。2005年には、東証一部に昇格上場することになった。

また現在、映画監督として活躍する松井久子女史は、以前、テレビ局向けの企画制作会社を経営していた。しかし次第に、自分が良いと思う企画がテレビで通らなくなってきたということを感じ取ると、思いきって会社を縮小。2〜3人が食べていけるだけの規模にして、映画づくりをゼロから始めた。数億円もの資金集めから脚本執

※具体的には、ビジネスにおけるやめるタイミングについては『60分間・企業ダントツ化プロジェクト』（ダイヤモンド社）、人生におけるやめるタイミングについては『あの成功者たちがこっそり使っている！――「春夏秋冬理論」で今日から運が開く』（だいわ文庫）をはじめとした著作で発表している。

筆、そして監督と、映画づくりのすべての作業を一人で行なうのは想像を絶する苦労だった。しかし、彼女の作品『ユキエ』『折り梅』は全国各地で上映されるたびに応援者が増え、監督デビュー6年後には、100万人以上もの観客を動員。これからクランクインとなる三作目の『レオニー』（仮題）は、本格的な日米合作映画となる予定で、今や松井監督は、アカデミー賞受賞も期待される日本を代表する女流監督だ。

このように現実は、歩みをやめてしまったほうが、早く進めるという矛盾するようなことが起こる。やはり、「やめるが勝ち」は真実なのだろうか？

より正確に言えば、続けるときには続け、やめるときにはやめる。そのタイミングを的確に把握できるかどうかが、成功と失敗との分かれ道になる。先にあげた、宋文洲氏も松井久子氏も、単にやめることだけがうまいのではない。やめた後に取り組んだ事業は、どんなに「行き止まり」のように見えても、一歩も引かなかった。そして見事な成功を勝ち取った。つまり単にやめるのではなく、ゴーディンが言うように、戦略的にやめることが重要なのだ。

戦略的とは、やめるタイミング、粘るタイミングが適切かどうかだ。そして、そのタイミングを知るのは、けっして難しいことではない。

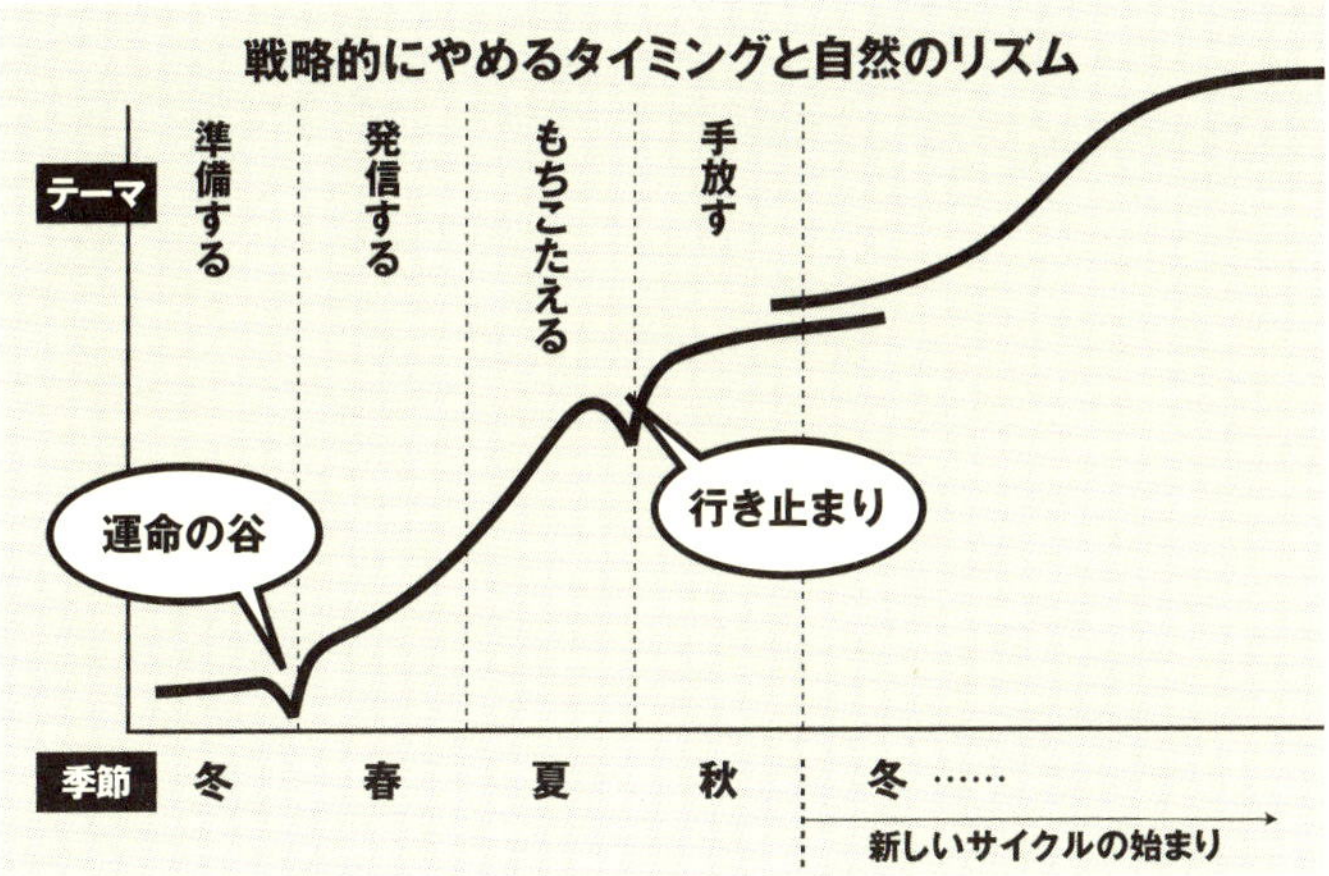

始めるのも、やめるのも、自然のリズム

戦略的にやめるタイミングは、成長パターンを理解すると、自然に感じられるようになる。ビジネスにしても、一人の人間にしても、上の図のように、あたかも四季が巡るように成長する。

いわゆる経済学では「成長カーブ」といわれている曲線であるが、私の解釈では、この曲線の中に、ゴーディンのいう「運命の谷」と「行き止まり」が含まれている。まずは、この成長カーブと四季がどのように関連するのか？　そして、この成長カーブ上のどこに、「運命の谷」と「行き止まり」が存在するのかをお話することにしよう。

私がコンサルティングを行ないながら観察してきたところによると、成功するビジネス、もしくは経営者は、「準備する」「発信する」「もちこたえる」「手放す」の四つの段階を通過する。その段階は、まさに季節が巡るようなので、「冬」から始まって「春」「夏」「秋」と名づけることにした。すると、ビジネスおよび人間の成長に向かって必要な課題を、直感的に把握できるようになる。

◇冬◇

まず「冬」のテーマは、「準備」。

これは、成長カーブ上の導入期に当たり、試行錯誤をすることが大切になる。どんなビジネスの天才でも、10まいた種《アイデア》のうち、一つ～二つの芽が出ればいいぐらいの勝率だ。とにかく、まく種の数が少なければ、芽は出ない。そこで、「冬」には、とにかくビジネスアイデアを試してみることが大切な課題になる。

このテーマは、一個人においてもまったく同じ。将来、大きな責任をまかされる時に備えて、一つの仕事に絞り込むのではなく、さまざまな体験を積んでおく。そうしているうちに、「これは面白そう！」と思えるものが、次第に絞り込まれてくる。しかし、この時期に急いで結果を得ようとすると、うまくいかない。まだ「冬」なのだから、いきなり花を咲かせることはできない。何ごとにも、辛抱が必要。粘って粘って、じっくりと水（＝エネルギー）をやり続ける。「冬」から「春」の変わり目――これがゴーディンのいうところの、「運命の谷」である。

◇春◇

「運命の谷」を突破すると、「春」の訪れとなり、種からは芽が出始める。ビジネスでは、どんな兆候が起こるかといえば、

①何もしなくても突然、顧客から商品の問い合わせが入り始める。
②商品の市場浸透率が10％を超える。
③売上成長率が2年連続、二けた成長となる。
④1年間で、ライバル会社が2～3社、新たに参入し始める。
⑤価格競争が始まる、等々。

こうした兆候が起こり始めると、ビジネスでは成長期の前半に入ったと見られ、それまでほとんど反応がなかった広告宣伝が効果を発揮するようになる。今まで存在す

ら知られていなかった商品の認知度が高まり、ようやく購入に対して消費者の抵抗がなくなってきたためである。この時期のテーマは、芽には水をやるように、商品に広告宣伝費をかけて、市場に存在を「発信《アピール》する」ことになる。

個人も「春」になると、活性化する。今まで10努力しても1ぐらいの結果しか出なかったのに、1努力すれば1の結果が得られるようになる。まわりの人からも実力が認められて、チャレンジしがいがある仕事を与えられるようになる。今の会社では、自分の磨いてきた実力が発揮できなければ、積極的に条件のよいところに転職することも悪くない。これから加速度的に調子がよくなるのだから、冬の時のように閉じこもっている必要はない。積極的に情報を「発信」して、外に出るようにしよう。

◇夏◇

「夏」は、成長期の後半。市場にライバルが多数参入しているため、利益率が落ちるが、そのときに市場で№1ポジションを確保している企業は、本書でゴーディンが述べているとおり、顧客が殺到。他社に比較して圧倒的に大きな収益を楽しめる。

しかし良いことばかりではなく、企業にとってみれば、「もちこたえる」がテーマになる。二番手、三番手企業は、ライバル会社との熾烈《しれつ》な競争のために、独自のポジションを獲得できなければ、市場から駆逐《くちく》されてしまう。そこで「もちこたえる」ためには、プレミアム価格で富裕層を狙うか、バリュー価格でボリュームゾーンを狙うかの転換点を迫られる。

トップ企業も殺到する顧客への対応で、品質管理や経営管理が手薄になってしまいがち。その結果、表に出ないものの、顧客クレームが頻発《ひんぱつ》。社員もあまりの忙しさに不満が鬱積《うっせき》し始める。

本書42ページでは、GEが市場シェア4位の企業を売却したことが成功例としてあげられているが、この決断がうまくいったのは、市場が成長期後半を過ぎていたためである。市場シェアが4位であっても、もし市場が成長期前半だったなら、まだ挽回は利く。手放すかどうかは、成長カーブのどの位置づけにあるかによって戦略的に決めることがポイントだ。

個人にとって「夏」は、自分の実力以上に能力が評価される時期。体力もあるので、どんなに働いても疲れることがない。今までとても自分には無理と思っていた目標に、思いきってチャレンジしてみると、意外にも簡単に達成できてしまう。いわゆる運がいいといわれる時期であるが、その分、天狗になってしまいがち。

このようにとても調子がいいのであるが、それは永遠には続かない。アリとキリギリスの寓話《ぐうわ》のように、賢い人は、涼しくなる「秋」に向かってそろそろ準備を始めなければならない。

◇ 秋 ◇

「秋」は、成長カーブ上の成熟期になる。ここがゴーディン氏の言う「行き止まり」である。テーマは「手放す」こと。この時期では、行きづまった企業は、どんなに頑張っても報われない。たとえば、価格が大幅に下落した結果、赤字に転落した企業が、一発逆転とばかり新製品を出したり、巨額の広告費を突っ込んだりしても、それは傷口を広げるだけになる。業績が下がれば、「夏」の時期には覆い隠すことができた、さまざまな社内の矛盾も表面化してくる。

一方、トップ企業は収益が安定するので、売上至上主義を「手放し」、目標を顧客満足に変えることで、さらに発展していく。顧客満足を徹底、ブランディングを強化する。そして有能な人材を採用していくことで、一流企業のポジションをさらに確固たるものにしていく。

個人においても、この時期は、目標を「手放す」ことが大事。通常ならば、すでに成功した分野で、さらなる大きな目標を掲げたくなるだろう。そのほうが慣れているので、先が見えるように感じるからである。

ところが、すでに成長サイクルも終盤にさしかかっている。木々が実をつけ、そして枯れていくように、個人においても生まれ変わる時期。この時期には、あたかも成長しきった幼虫がサナギに入るように、今までの成功体験を手放して、動きを止めるのだ。すると過去からの延長——つまり幼虫と同じ姿のまま巨大化すること——ではなく、蝶へと変容できるようになる。

ビジネスと人生の季節は、どうすれば分かるのか？

こうした自然のサイクルがあることが分かると、今までビジネス書や自己啓発書でいわれていた矛盾がすっきりと解消する。ある著者は「決してあきらめるな」と言い、ある著者は「あきらめるが、勝ち」と言う。また、ある著者は「でかい目標を持て」と言い、ある著者は「目標は手放せ」と言う。

私の意見では、目標を持つべき時期もあり、目標を手放すべき時期もある。夢を持つべき時期もあり、その日暮しを楽しむ時期もある。単純に、それは成長カーブにおける時期の違いである。冬にTシャツを着続けていれば風邪をひいてしまうし、夏にセーターを着続けていても夏風邪をひいてしまうのと同様だ。

それでは、その時期は、どうすれば判別できるのか？

ビジネスにおける時期の判別の仕方は、拙著『60分間・企業ダントツ化プロジェクト』に詳述してあるので、そちらをご参考いただきたいが、ここで解説したように成長期の始まりの兆候を見いだすことができれば、自ずと時期の変化を感じられるようになるだろう。

個人においては、成長カーブの時期は、まずは過去を振り返ってみて、自分がどんなサイクルで成長しているかを感じ取ってみることをお薦めしたい。私としては数多くの経営者から相談を受けてきた経験則から、個人には12年の周期があることを知っている。自分の人生を振り返って年表をつくってみると、12年ごとに驚くほどに同じパターンを繰り返していることに気づくだろう。そのパターンは毎日、何気なく生きているかぎり分からないのであるが、自分の人生を俯瞰《ふかん》してみた時に、はじめて分かることである。

そして、その12年のサイクルを4分割し、3年ごとの「冬」「春」「夏」「秋」とラベリングしてみると、現在、自分はどの時期にいて、どんな課題に向き合うことが大事なのかが分かるようになる。これはバイオリズムのようなもので、生年月日によっても判別できるので、よろしければ検索エンジンに〈春夏秋冬理論〉と入力し、季節判定をしてみていただきたい。本解説の参考情報としていただければ、自分が今「運命の谷」にいるのか、「行き止まり」にいるのかを判別する有力なヒントになろう。

やめること――それは、タイミングさえ分かれば、決してスローダウンすることを意味しない。エレベーターに乗り込んだ時のように、歩みを止めたとたん、急速に上昇し、まったく違った世界が目の前に展開するようになるのだ。

今まで直線的な成長を主導してきた米国から、歩みを止めるコンセプトが出されたことは興味深い。成長志向を持ち続ける限り、変容はできない。成長を手放すことを主張する本書の登場は、これから経済自体が蝶へと変容を遂げる前兆なのかもしれない。

訳者あとがき

いつもながら、セス・ゴーディンの本はとても粋です。さしずめ「ゴーディン・ワールド」といったところでしょうか。

仕事やプライベートで自分の道を切り開く方法を探りながら、ビジネスやマーケティングについての知識を身につけられる。

マーケティングやビジネスについてのヒントを得ながら、自分の生き方の道しるべを見つけられる。

だから何度でも読み返してしまう。

こんな一挙両得も、ゴーディンならではのサービス精神の賜物かもしれません。

ゴーディンは、マーケティング関連の著書を何冊も世に出し、ベストセラーを量産してきましたが、最新刊である本書『ダメなら、さっさとやめなさい！』は、これまでの著書とは一風趣《おもむき》が異なり、自己啓発書としての顔も持ち合わせています。私たちにとって、それだけ読む楽しみが増えたといえるでしょう。

読む楽しみといえば、巨大ビジネスをめぐる有益なエピソードはいうまでもなく、スーパーマーケットや映画など、身近なところに題材を取った逸話がふんだんに紹介されていることも、この本の魅力です。仕事がつまらない、上司とそりが合わない、といった場合の、賢明な対処方法も教えてくれます（具体的な中身については、ぜひ本文をお読みください）。

みなさんに、楽しみながら知恵と勇気を得ていただければ、訳者としても幸いです。私自身も、何かに迷ったときは、いつでもこの本を取り出して、読み直そうと思います。そんな素敵な本との出合いをもたらしてくださった、株式会社マガジンハウスの平城好誠、オフィス・カガの加賀雅子、両氏に心からお礼申し上げます。

２００７年8月

有賀裕子

【著者】
セス・ゴーディン（Seth Godin）
『パーミションマーケティング』『バイラルマーケティング』（ともに翔泳社）、『セス・ゴーディンの生き残るだけなんてつまらない！』（早川書房）、『「紫の牛」を売れ！』『オマケつき！ マーケティング』『マーケティングは「嘘」を語れ！』（以上ダイヤモンド社）などのベストセラー作家・講演者として知られる。Squidooの設立者兼CEO（最高経営責任者）にして、世界で最も人気のあるブロガーの一人。www.SethGodin.comにアクセスして、セスの頭部をクリックするとブログを読むことができる。

【訳者】
有賀裕子（あるが・ゆうこ）
東京大学法学部卒。ロンドン・ビジネススクール経営学修士。企業勤務の後、翻訳に携わる。主な訳書に『世界を変える人たち』（ダイヤモンド社）、『ブルー・オーシャン戦略』（ランダムハウス講談社）、『ビジネスマンに贈る最後の言葉』（アスペクト）、『希望の見つけかた』（日経BP社）ほか多数。

【解説者】
神田昌典（かんだ・まさのり）
上智大学外国語学部卒。外務省経済局に勤務後、ニューヨーク大学経済学修士、ペンシルバニア大学ウォートンスクール経営学修士（MBA）取得。その後、米国家電メーカー日本代表を経て、経営コンサルタントに。現在、企業家教育、加速教育等の分野における複数会社を経営するほか、ミュージカルのプロデュースや小説執筆でも活躍。7万人が登録するメールマガジン『仕事のヒント』365日配信中！　携帯に神田昌典の大人気メール情報を無料で！
www.kandamasanori.com

ダメなら、さっさとやめなさい！
No.1になるための成功法則

2007年 8月30日　第1刷発行

著　者　セス・ゴーディン
訳　者　有賀裕子
解説者　神田昌典

装　丁　石間　淳
装　画　おおの麻里

発行者　石﨑　孟
発行所　株式会社マガジンハウス
〒104-8003　東京都中央区銀座 3-13-10
書籍営業部　☎03-3545-7175
書籍編集部　☎03-3545-7030

印刷所
製本所　株式会社光邦

ISBN978-4-8387-1793-4　C0033